LES FRANÇAIS

EN PRUSSE

DU MÊME AUTEUR

Souvenirs de l'invasion prussienne en Normandie, 1 vol. in-12.

Le général Kléber, 1 vol. in-12.

1296 — Abbeville. — Imprimerie Briez, C. Paillart et Retaux.

LES FRANÇAIS EN PRUSSE

(1807-1808)

D'APRÈS DES DOCUMENTS CONTEMPORAINS

RECUEILLIS EN ALLEMAGNE

PAR

LE Bon ERNOUF

PARIS

LIBRAIRIE ACADÉMIQUE

DIDIER ET Cie LIBRAIRES-ÉDITEURS

35, QUAI DES AUGUSTINS, 35

—

1872

La première ébauche de ce travail a été publiée, sans nom d'auteur, dans une Revue parisienne, en 1868 et 69 (1). J'en avais emprunté les éléments à des publications allemandes du temps, publications généralement clandestines, mais qui, pour cette raison même, avaient dû être soigneusement recherchées par l'autorité française. Aussi j'en avais découvert un grand nombre dans la bibliothèque de mon beau-père, le baron Bignon, chargé de l'administration du *département* de Berlin, depuis la bataille d'Iéna jusqu'aux ratifications de la paix de Tilsit. Tout récemment, pendant la dernière période de l'occupation étrangère en Normandie, j'eus l'occasion de montrer quelques-unes de ces pièces à des officiers supérieurs prussiens, qui m'assurèrent qu'il serait à peu près impossible d'en retrouver des exemplaires dans leur pays. L'un

1. *L'Allemagne du Nord pendant l'occupation française* (Revue Contemporaine).

d'eux ajouta même, avec ce ton de politesse germanique qui frise de si près l'insolence, que s'il avait eu la bonne fortune de faire ma connaissance pendant que la guerre durait encore, il n'aurait pas manqué de mettre ces raretés en *réquisition*. Il est certain qu'on y rencontre un grand nombre de faits curieux, caractéristiques, oubliés en Prusse et tout à fait inconnus en France.

Il m'a semblé que cette étude sur l'histoire intime de l'Allemagne du Nord pendant l'occupation française offrirait, dans les circonstances actuelles, plus d'un genre d'intérêt. J'ai donc revu avec soin mon premier travail, disposé certains faits dans un ordre meilleur, ajouté des détails intéressants, puisés aux mêmes sources, indiqué plus d'un rapprochement curieux et instructif entre les événements de 1806 et ceux de 1870. J'ose espérer que cette évocation des souvenirs de l'occupation française en Prusse ne sera pas inutile à mes concitoyens dans ces sombres jours, qu'ils y trouveront des enseignements salutaires, et aussi quelque allégement à leur affliction patriotique.

Verclives (Eure), septembre 1871.

Baron Ernouf.

LES FRANÇAIS EN PRUSSE

I

Anxiété de la population de Berlin pendant les premiers jours de la campagne. — Aurore boréale du 14 octobre. — Les théâtres. — Bulletins apocryphes de victoire. — La vérité connue le 17 au matin. — Consternation, émigration générales. — J. de Voss et le comte de Schulenburg, gouverneur de Berlin. — Particularités curieuses sur ce personnage. — La vérité sur l'incident célèbre du prince de Hatzfeld.—Les émigrants berlinois dans une maison de correction. — Le général Ruchel. — Cartel adressé à Napoléon. — Anecdotes sur le Roi de Prusse. — Aversion prétendue de ce prince pour l'espionnage.

Depuis l'ouverture de la campagne, la population de Berlin était en proie à une anxiété fébrile. La nuit du 14 au 15 octobre, claire et sereine comme les plus belles nuits d'été, fut signalée par une magnifique aurore boréale, phénomène qui troubla profondément les esprits superstitieux. « Vers minuit, dit un témoin oculaire, l'horizon parut tout à coup, dans la direction vers laquelle se portaient instinctivement tous les regards, semblable à une mer de feu dont les vagues s'entre-choquaient. On eût dit que le ciel lui-même était en état de guerre !» Ceux auxquels les souvenirs bibliques étaient familiers se rappelèrent qu'une semblable apparition, au temps des Macchabées, avait annoncé à la nation juive les plus grands malheurs. Cette nuit-là, bien des gens, obsédés de pressentiments sinistres, essayèrent vainement tour à tour les nombreuses recettes récemment indiquées contre l'insomnie par l'auteur de *Titan (Jean-Paul Ridchter)*, recettes dont la plus efficace consistait, suivant lui, à ne pas vouloir s'endormir.

On devait apprendre bientôt la coïncidence singulière de ce météore avec le plus grand désastre qu'ait jamais essuyé la monarchie prussienne (1).

L'agitation augmentait d'heure en heure : les tavernes et les tabagies ne désemplissaient pas.

____

1. On sait que dans la soirée du 24 *octobre* 1870 (anniversaire de l'entrée des Français à Berlin), il y eut aussi une aurore boréale, visible à Paris et dans la plus grande partie de la France. A cette date, nous n'en étions plus à

La politique et la guerre étaient l'unique sujet de tous les entretiens, lesquels ne tardaient pas à dégénérer en disputes et souvent en voies de fait, même entre gens comme il faut. Ceux qui doutaient du succès de l'armée prussienne, étant de beaucoup les moins nombreux, avaient fini par se taire, et se contentaient de hausser les épaules. On remarquait parmi ceux-là un ouvrier armurier, nommé Sauerbrey, bien connu dans le peuple sous le sobriquet de généralissime (*Obergeneral*). C'était un homme de soixante-dix ans, admirateur enthousiaste des Français depuis 89. Dès l'époque du Consulat, il avait prophétisé que Napoléon s'emparerait de l'Allemagne..... (1).

L'animation n'était pas moins vive au théâtre, où toutes les allusions aux espérances de victoire étaient applaudies avec frénésie. « Dans

attendre des catastrophes ! Pourtant les gens superstitieux augurèrent de ce phénomène une nouvelle progression d'infortunes. Mais il n'était pas besoin, dès lors, de la lueur d'un météore pour entrevoir, dans un prochain avenir, le résultat inévitable du système de lutte à outrance, et les désastres de la guerre civile venant s'ajouter à ceux de l'invasion.

1. Cet individu mourut en 1808. On avait fait sur lui une complainte qui rappelait ses prophéties, et dont l'autorité française défendit la vente.

ces derniers jours, dit un contemporain, le roi aurait essuyé quelque insulte publique, si on l'avait vu revenir ayant conclu la paix, sans avoir livré bataille. » *Wallenstein* faisait tous les soirs chambrée complète. On criait *bis!* avec enthousiasme à la fameuse chanson de guerre : *die Trommel ruft, die Fahne weht...* (le tambour nous appelle, l'étendard gémit au vent). Une petite pièce qu'on jouait comme lever de rideau n'était pas moins applaudie, grâce aux sobriquets d'un acteur nommé Unzelmann, qui modifiait certains passages pour les approprier aux circonstances. Ainsi, dans un endroit où l'on parlait de venger l'injure de la Pologne, il substituait à ce mot celui d'Allemagne... Tous les journaux de Berlin, le *Libéral* (organe de Kotzebue), l'*Ami de la Maison*, l'*Indicateur*, l'*Observateur de la Sprée*, étaient montés au diapason le plus belliqueux.

Cependant on avait appris dès le 11 la retraite de Tauenzien (combat de Schlaitz), et, deux jours après, la mort du prince Louis-Ferdinand, l'homme sur lequel les partisans de la guerre à outrance comptaient le plus. Puis on avait vu reparaître des lueurs trompeuses d'espérance. Pendant les journées du 14, du 15, du 16, tous les messages reçus par Leipzig et Dresde ne parlaient que de victoires. Le prince de Hohenlohe avait, disait-on, battu complétement Soult auprès de Zeitz, Murat était prisonnier, le grand parc d'artillerie français enlevé, etc. On croyait alors que le Roi et Hohenlohe manœuvraient séparément par les deux rives de la Saale, et, comme on avait acquis la certitude, dès le 15, que les Français étaient à Naumburg, on en concluait qu'ils se trouvaient pris entre deux feux....

Le gouverneur, comte de Schulenburg, faisait distribuer chez lui des bulletins de cette victoire prétendue. La *Behrenstrasse*, où il demeurait, était encombrée d'une foule anxieuse, implorant des renseignements plus détaillés, plus positifs. Dans chaque maison, dans chaque rue, tout le monde avait l'oreille au guet. Parfois on s'élançait aux fenêtres, et les passants se mettaient à courir : une exclamation de joie, de soulagement, répondait au retentissement lointain de quelque marteau de porte, qu'on avait pris pour la voix du canon affirmant la victoire.

Enfin, le 17 au matin, parut un messager, messager de malheur ! L'officier de cavalerie qui apportait la terrible nouvelle était d'origine française, descendant d'une famille protestante émigrée; il s'appelait d'Orville.

Le Conseil d'État se réunit aussitôt pour arrêter les mesures d'urgence, notamment le prompt départ des caisses publiques ; et le sien propre, ajoute un pamphlet du temps. On placarda de toutes parts des affiches rouges qui annonçaient que le Roi avait perdu une bataille, et exhortaient les citoyens *au calme*; c'était facile à dire ! Cette affiche rappelle le *pugnâ magnâ victi sumus* du préteur romain après la bataille de Cannes. Mais le vainqueur, cette fois, devait tirer meilleur parti de la victoire (1).

On vit s'élever alors une confusion, une terreur indescriptibles : « Berlin ressemblait à une ruche immense envahie par les flammes. » Ce fut une vraie débâcle de hauts fonctionnaires, de nobles, de capitalistes fuyant vers Stettin, Custrin ou la Silésie, avec tout ce qu'ils pouvaient emporter. En revanche, les habitants des campagnes exposées à l'invasion refluaient en ville avec leur mobilier. Paris a vu des scènes pareilles en 1814, 1815, et plus récemment encore, hélas ! Les journalistes, encore si belli-

---

1. Voici le texte allemand de ce placard : *Der Kœnig hat eine Bataille verloren ; jetzt ist Ruhe Bürger Pflicht, ich bitte darum.*

Schulenburg.

queux la veille, ne furent pas des derniers. à
fuir ; « tous les libraires croyaient voir à leur
chevet le spectre de Palm ! » A l'avant-garde
de cette déroute, on remarqua l'auteur d'un
recueil fraîchement éclos de chants patriotiques,
un nommé Müchler, aussi médiocre en talent
qu'en courage. Dans l'après-midi du 17, il ne
restait plus à Berlin un seul véhicule disponible,
pas même un cheval ou un âne. A toute minute
on annonçait l'arrivée des Français, qui pourtant n'avaient pas encore dépassé Halle. L'histoire n'offre pas d'exemples d'une transition
aussi brusque, de l'excès de la confiance à celui de l'accablement et du désespoir. A Paris
même, on s'en souvient, la nouvelle d'une catastrophe pire que celle-là inspira plus de rage
que de découragement.

Quelques hommes judicieux avaient recher-
ché, dès le commencement de la guerre, les
moyens de mettre Berlin à l'abri d'un coup de
main. On trouve des renseignements curieux
sur ce sujet, dans un opuscule aujourd'hui fort
rare, publié à Berlin dès 1807 par un officier
distingué, J. de Voss. Dès les premiers jours
d'octobre, il avait fait passer au gouverneur,
par l'intermédiaire de deux conseillers, l'avis

de s'assurer de toutes les embarcations sur la Havel et la Sprée, et de préparer les moyens d'inonder à volonté les marécages du cercle de Teltow. Schulenburg avait d'abord repoussé bien loin ce projet comme plus qu'inutile. Aussi, de Voss fut bien étonné, le 13 octobre au matin, de voir entrer chez lui le conseiller C..., qui venait le chercher de la part du gouverneur. De Voss, qui avait eu jadis à se plaindre des procédés de ce haut fonctionnaire, trouva en lui, grâce à la nouvelle des premiers échecs de l'armée prussienne, l'auditeur le plus attentif et le plus poli. Le gouverneur le pria de rédiger d'urgence un plan de défense des abords de la capitale, ce que Voss s'em—pressa de faire à la suite d'un rapide examen local. Mais quand il reparut le lendemain avec ses papiers dans l'hôtel de la Behrenstrasse, le vent avait tourné. Le gouverneur était re-tombé sous l'impression des nouvelles rassu-rantes dont il a été question ci-dessus, et en attendait la confirmation officielle d'un instant à l'autre. Il y avait bien un incident qui le trou-blait un peu; l'apparition bien constatée de quelques éclaireurs français à Leipzig. Mais, tandis que de Voss conférait avec lui, survint une estafette de Dresde apportant la nouvelle que l'électeur de Saxe, qu'on savait prêt à quitter cette capitale, venait de contre-mander brusquement son départ. Cette circonstance parut au clair-voyant gouverneur la confirmation irréfragable de la défaite des Français. Aussi, il n'avait presque plus l'air de se souvenir du plan qu'il avait demandé la veille avec tant d'instance. Il le parcourut d'un air dédaigneux, et, comme l'auteur y raisonnait dans l'hypothèse d'un combat malheureux, par suite duquel le Roi se trouverait coupé de la rive droite de la Saale, ce qui donnerait à l'ennemi la facilité de franchir l'Elbe et la Sprée avec des forces supérieures, le gouverneur dit froidement, « que c'était là une supposition bien téméraire. » Elle était, dans ce moment même, vérifiée et dépassée par l'événement.

Ce comte de Schulenburg-Kehnert, qui joua dans cette crise un rôle si pitoyable, est une figure curieuse, et peu connue hors de son pays. L'homme qui fut le promoteur le plus ardent du dernier partage de la Pologne, de la campagne prussienne de France en 1792, mérite bien qu'on s'arrête un instant à le dévisager.

Schulenburg avait été, pendant plus de trente années, l'un des principaux personnages du royaume. La nomenclature des postes qu'il a occupés sous trois règnes est quelque chose d'effrayant ; nous ne citerons que les plus considérables. Frédéric le Grand, d'abord assez fortement prévenu contre le jeune Schulenburg, avait néanmoins trouvé en lui l'étoffe d'un bon commis. Avant trente ans, il avait déjà été, entre autres choses, vice-président de la chambre domaniale de Magdebourg, puis directeur à la guerre. Nous le trouvons ensuite préposé à l'administration de la guerre dans la dernière campagne du grand Frédéric (1778) ; en 1782, directeur du commerce maritime. Frédéric-Guillaume II, qui ne l'aimait guère, lui conféra pourtant tout d'abord le titre de comte, et, en 1790, le grade de lieutenant-général honoraire, et la présidence d'un comité supérieur de la guerre (*Ober-krieges Collegium*). L'année suivante, après la disgrâce du comte de Hezberg, regrettable pour la France autant que pour la Prusse, Schulenburg fut nommé ministre du cabinet, et accompagna en cette qualité le Roi dans sa malencontreuse campagne de 1792. En 1793, il quitta le ministère, mais obtint, comme fiche de consolation, la direction de la banque et de la loterie. Dès la fin de cette même année, il fut, de plus, chargé du gouvernement de Francfort. A l'avènement de Frédéric-Guillaume III, Schulenburg, qu'on aurait pu surnommer le bourreau des places, fut promu à l'emploi de contrôleur-général des finances, puis successivement inspecteur-général du Trésor, directeur non moins général des postes. En 1802, le roi, qui s'exagérait fort, dit-on, la capacité administrative de ce fonctionnaire infatigable (infatigable... partout, disaient les mauvaises langues), lui confia l'organisation administrative des territoires ecclésiastiques qui formaient le lot de la Prusse dans l'affaire des sécularisations (évêchés d'Hildesheim, Paderborn, etc). Il y avait là une œuvre de fusion assez délicate à accomplir. Schulenburg n'y fit pas tant de façons : il installa brutalement, sans préparation aucune, le régime prussien. Suivant l'énergique expression d'un contemporain, il étendit ces pays catholiques sur un lit de Procuste luthérien. Il revint de cette mission, la tête farcie d'histoires scandaleuses de nonnes et de chanoines, dont il régalait, dit-on, le Roi dans les audiences particulières que ce prince lui donnait régulièrement chaque semaine, et qu'on appelait à Berlin les « conférences du jeudi ». Il fut ensuite chargé de l'administration du Hanovre, et finalement appelé au gouvernement de Berlin, lors de la rupture entre la France et la Prusse. Les ennemis du comte prétendaient que, malgré son âge déjà avancé et la gravité formidable des circonstances, il s'absorbait volontiers dans des rapports de police secrète sur les déportements de certaines grandes dames et bourgeoises de Berlin.

Lors de la catastrophe, il perdit absolument la tête ; il courait çà et là tout éperdu, croyant à chaque instant voir arriver les Français. On vient de voir que la nouvelle du désastre lui était parvenue le 17. Il partit le 21, laissant à la merci du vainqueur une énorme quantité de munitions de guerre, qu'on aurait eu tout le temps d'évacuer ou de détruire. A toutes les représentations qu'on lui faisait à ce sujet, il répondait invariablement : « Il est trop tard !! » Bien des gens considérèrent cette conduite comme un acte de trahison ; c'était une erreur, personne ne haïssait plus cordialement les Français. Schulenburg était un de ces personnages qui, en des temps prospères, tiennent une si large place dans l'entourage intime des souverains, et dont la supériorité factice s'évanouit soudain dans les moments difficiles.

Il sortit de Berlin en grande tenue de général, à la tête du dépôt de cavalerie, escortant le Trésor public, qu'il conduisit sans accident à Kœnigsberg. En traversant la capitale, le gouverneur redoutait quelque manifestation hostile ; jamais on ne l'avait vu si prévenant, si sentimental avec le populaire. Il prodiguait les saluts, les sourires ; répétait à chaque instant : « Que je suis donc peiné de vous quitter, mes amis ! j'y suis contraint par mes devoirs militaires, par ce malheureux uniforme. Mais consolez-vous, je vous laisse mes enfants, qui sauront bien me remplacer. »

Il était remplacé, en effet, par le prince de Hatzfeld son gendre. On sait que ce nouveau gouverneur fut arrêté et traduit en conseil de guerre par ordre de Napoléon, parce qu'il avait, au mépris d'un engagement solennel, transmis aux généraux prussiens des informations sur nos mouvements militaires. On sait également qu'il dut son salut aux larmes de sa femme, et à un généreux mouvement de l'Empereur.

Cette anecdote si authentique, si bien connue,

a été complétement défigurée dans une nouvelle histoire de Napoléon écrite trop évidemment en haine du jeune Empire. » Suivant
l'auteur de cet ouvrage, l'accusation dirigée
contre le prince de Hatzfeld était « le dernier mot de l'impudence et de la dérision » ;
la lettre qu'il écrivait *au Roi, et dont une copie a
été conservée*, était des plus insignifiantes. Il
ajoute que « Napoléon recula devant l'impression
universelle d'horreur, produite par la menace
d'une exécution militaire ; qu'en conséquence
on arrangea la petite scène de clémence ,
etc. (1). »

Tout cela est absolument inexact. Le prince,
au mépris de sa parole, avait écrit *plusieurs
fois*, et au roi et au nouveau général en chef
Hohenlohe, pour leur transmettre des renseignements militaires. Ceci est attesté, non—
seulement par les bulletins français, mais par
tous les contemporains allemands. Ces informa—
tions n'avaient pas été déposées bonnement,
et ouvertes au bureau de poste de Berlin,
comme le prétend M. Lanfrey, mais expédiées
clandestinement, et saisies aux avant-postes

1. Lanfrey, III, 505 et suiv.

français. La lettre la plus compromettante était celle adressée au général en chef (et non au Roi); celle que Napoléon remit à la princesse en l'engageant à la jeter au feu, *ce qu'elle s'empressa de faire....*

Suivant quelques écrivains allemands, les prières du vieux prince Ferdinand et de sa femme, auxquels Napoléon montrait beaucoup d'égards, auraient eu grande part à cet acte de clémence. Si Napoléon a été prévenu de la visite de la princesse, et s'il a consenti en effet à la recevoir, sûrement il était résolu d'avance à ne pas la rebuter. Mais telle n'est pas la version des contemporains les mieux informés. Ils affirment que ce fut l'honnête et généreux Duroc, qui prit sur lui de présenter à l'improviste la princesse à l'Empereur, dont la détermination rigoureuse ne tint pas contre les supplications de cette jeune femme.

C'était ainsi qu'en 1804, après douze heures d'attente dans une antichambre du palais de Saint-Cloud, une courageuse enfant de quatorze ans, la fille du général Lajolais, condamné à mort comme complice de Georges et de Pichegru, avait pu voir enfin Bonaparte et lui arracher la grâce de son père, ainsi qu'elle me l'a jadis raconté elle-même.

Au reste, Napoléon sut gré à Duroc de cette surprise généreuse, et s'applaudit d'avoir pardonné. Quelques heures plus tard, il répondait à la lettre d'action de grâces de la princesse de Hatzfeld : « Je me souviens avec plaisir du moment où j'ai pu finir toutes vos peines. Dans toutes les circonstances où je pourrai vous être utile, vous pouvez accourir à moi (1). » Nous savons aussi par des contemporains que le prince de Hatzfeld lui-même témoigna ultérieurement, en plus d'une circonstance, de sa reconnaissance profonde pour l'Empereur.

Un historien distingué, M. A. Lefebvre, souvent très-sévère pour Napoléon, dit à propos de cet incident : « Le prince était coupable aux yeux du vainqueur, il ne l'était pas aux yeux du tribunal de la conscience humaine. Si Napoléon l'eût fait mourir, *il eût usé sans doute des droits de la guerre*, mais il eût soulevé contre lui toutes les âmes généreuses... » Telle est aussi notre opinion. Napoléon n'eût pas commis de crime en demeurant impitoyable, mais il fit bien mieux de pardonner.

1. Lettre du 31 octobre 1807, *Correspondance*, 111 25.

Toutes les villes du royaume passèrent, dans ce terrible mois d'octobre, par ces mêmes alternatives d'anxiété, de fausse joie, de désolation. A Kœnigsberg, un courrier expédié en Russie avait annoncé en passant le prétendu désastre de l'armée française. C'était le soir: un M. de K.... courut au théâtre, monta dans une loge, d'où il proclama l'heureuse nouvelle... « Cette nuit, dit un contemporain, fut plus animée, plus riante que ne le sont habituellement les jours dans notre sombre climat. A ce délire succédèrent cinq longues journées d'une incertitude que j'appellerai volontiers heureuse, en la comparant à la triste certitude qui suivit. Bientôt les nouvelles les plus accablantes se succédèrent sans relâche ; Iéna, Auerstædt, la déroute, la destruction de notre armée, les capitulations honteuses... Tout était perdu, y compris l'honneur. Nous ignorions où se trouvaient le Roi, la Reine ; nous ignorions même s'ils vivaient encore. Cependant nous ne tardâmes pas à voir arriver quelques hauts fonctionnaires, épaves assez peu intéressantes du naufrage. Mais, au lieu de stimuler l'esprit public dans ces provinces, dernière ressource de la monarchie, ils semblaient prendre à tâche de nous décourager complétement. C'était toujours d'eux que nous venaient les nouvelles, les conjectures les plus désolantes... Un peu plus tard, survinrent de nombreux fugitifs de Berlin, qui se déplaisaient fort à Kœnigsberg et n'y plaisaient guère, ne faisant que vanter et regretter du matin au soir les délices de leur chère capitale... »

L'opinion publique n'épargnait pas les railleries à ces émigrants, surtout aux employés de l'administration de la guerre, dont on accusait justement l'imprévoyance. On racontait, par exemple, que plusieurs de ces fonctionnaires, se *repliant* devant l'invasion, avaient fait étape un soir à Graudenz. Cette petite ville était déjà encombrée de fugitifs, et le bourgmestre ne savait où caser ces nouveaux hôtes. Il finit par mettre à leur disposition le seul local encore disponible ; un vaste bâtiment inachevé, dans lequel on se hâta de porter les meubles indispensables.

Le lendemain matin, les voyageurs, en sortant, aperçurent au-dessus de la porte cette singulière inscription : *Reue und Besserung ;* repentir et conversion. Ils en demandèrent l'explication au magistrat, qui parut d'abord bien embarrassé ; mais finit par leur avouer qu'ils avaient étrenné une nouvelle maison de correction (*Zuchthaus*).

Le général Ruchel, nommé gouverneur de Kœnigsberg, avait reçu à Iéna une contusion tellement grave, qu'on l'avait cru mortellement blessé. Il se rétablit pourtant très-vite ; la balle qui l'avait frappé en pleine poitrine s'était amortie contre un portefeuille bourré de papiers. Fait prisonnier et soigné par les Français, il avait été promptement échangé. C'était un brave militaire, mais auquel on faisait trop d'honneur en lui supposant les talents d'un commandant en chef. Lors de sa première revue, il adressa une vive mercuriale à plusieurs officiers, naguère très-brillants à Berlin, mais fort ternes à Iéna ou Auerstædt. « Courir les rues en tapageurs, boire du champagne, porter d'immenses plumets ; ce n'est pas là, disait-il, ce qui fait le soldat (1). »

1. A propos de Ruchel, il se produisit plus tard un incident qui égaya toute l'armée, l'armée française s'entend. Peu de jours après la conclusion de la paix, ce général avait été assez rudement flagellé dans le 87me Bulletin de la Grande Armée, pour le style injurieux de ses proclamations et sa conduite inconvenante à l'égard de quelques prisonniers. Le gendre de Ruchel, un M. d'Ernsthausen, lieutenant de hussards, prit fait et cause pour son beau-père et fit insérer dans toutes les gazettes allemandes un cartel en règle à l'adresse de l'auteur anonyme du bulletin français, lequel n'était autre que Napoléon lui-même.

Le Roi parut à son tour dans cette seconde capitale de la Prusse, dont la guerre allait bientôt le chasser encore. La figure naturellement morose de ce prince était encore assombrie par les émotions du passé, par l'incertitude poignante de l'avenir. A l'un des derniers relais, un incident des plus pénibles l'avait plongé dans une véritable consternation, Au moment où il changeait de chevaux, la maîtresse de poste, une veuve, presque folle d'inquiétude et de douleur, tenant par la main deux petites filles, se précipita à la portière de la voiture et demanda au Roi, d'une voix entrecoupée de sanglots, « s'il ne pouvait pas lui donner des nouvelles des deux fils qu'elle avait à l'armée? » —Hélas ! non ! dit le Roi.— Mais sire, ils sont dans le régiment de X... ; Votre Majesté doit savoir au moins où est ce régiment ? — Non !! dut dire encore le malheureux prince. En ce moment l'on partait, et les lamentations de cette famille au désespoir poursuivirent encore quelques moments les cavaliers de l'escorte et le Roi lui-même, qui s'était brusquement rejeté dans le fond de la voiture, la tête dans ses mains.

Les Prussiens attribuaient alors leurs revers au

manque de renseignements exacts sur les forces et les dispositions des Français. Suivant eux, la faute en était au Roi, qui réprouvait l'espionnage comme immoral. Si cette aversion vertueuse existait chez le Frédéric-Guillaume de ce temps-là, nous savons trop bien aujourd'hui qu'elle n'est pas héréditaire dans la famille !

II

Exploration des champs de bataille de la Thuringe par un contemporain. — Anecdotes diverses; le barbier d'Auma, Napoléon et le jeune Sinclair, etc. — Dernière démarche pacifique faite par Napoléon l'avant-veille d'Iéna. — Lettre curieuse d'un officier saxon fait prisonnier à Saalfeld. — Anecdotes sur le prince Louis-Ferdinand; véritables circonstances de sa mort.

Parmi les récits des voyageurs qui explorèrent les champs de bataille d'Iéna et d'Auerstædt à l'époque où les souvenirs de ces grandes journées étaient encore palpitants, l'un des plus intéressants est celui qui fut publié, dès l'année 1870, dans le recueil intitulé : *Lettres confidentielles sur ce qui s'est passé à la cour de Prusse depuis la mort de Frédéric II (le Grand)* (1). Nous reproduisons les traits les plus saillants de cette relation, surtout au point de vue de la couleur

1. *Vertraute Briefe*, etc. Amsterdam et Cologne, 1807 et 8.

locale, assez négligée jusqu'ici par les historiens français du premier Empire. Nous retranchons seulement la majeure partie des considérations stratégiques, qui abondent dans ce récit, comme dans toutes les autres publications du temps. Dans ces jours si malheureux pour la Prusse, un observateur impartial aurait déjà commencé à mieux augurer de son avenir, en présence de cet acharnement des esprits à reprendre, à discuter minutieusement les détails du désastre. On ne se lassait pas de rappeler, de flétrir des fautes trop réelles, en y joignant des trahisons imaginaires. Les personnes les plus étrangères à l'art militaire s'absorbaient dans la recherche des plans offensifs, défensifs ou des manœuvres qui auraient pu modifier ou intervertir de fond en comble le dénouement fatal. C'était là, après tout, un symptôme de vitalité énergique ; celui qui sent vivement sa blessure est rarement près d'en mourir.

Dans le cours de ce siècle qui commençait si glorieusement pour elle, la France devait connaître à son tour, et plus d'une fois, ces emportements douloureux et salutaires du patriotisme.

« Des affaires particulières m'ayant appelé à Leipzig, dit le voyageur berlinois, j'ai accompli à cette occasion un triste pèlerinage au tombeau de la gloire prussienne. J'ai parcouru les deux rives de la Saale, de Saalburg à Kœsen… Là, notre Allemagne a perdu son dernier appui, pour demeurer livrée à l'implacable rivalité de deux influences étrangères, l'argent anglais, le canon français. Cette belle vallée de la Saale est désormais un terrain classique. Après vingt années de guerres presque toujours malheureuses, l'Autriche est encore debout. La Pologne, en état permanent d'anarchie, sans industrie, sans armée régulière, entourée de voisins cupides, avait encore duré plusieurs siècles. Ce sera pour la postérité un sujet d'éternel étonnement, qu'un peuple, qui naguère avait résisté victorieusement pendant sept années à la coalition des plus puissants États de l'Europe, ait si complétement succombé en *sept jours* (8-15 octobre 1806) ! Est-il dans l'histoire un second exemple d'un écroulement aussi prompt, aussi complet ! ! »

Telles étaient alors les impressions des patriotes prussiens… Ils ne prévoyaient ni leur revanche de 1813, ni cette autre campagne de sept jours qui devait aboutir à Sadowa ; bien moins encore les événements d'une date plus récente qui ont dépassé de si loin les plus hautes espérances du plus grand de leurs souverains.

La plupart de ces publications contemporaines des désastres de la monarchie prussienne trahissent au contraire un découragement profond, le sentiment d'une décadence incurable...

En présence de cette nation descendue si bas pour se relever si vite et si haut, sachons, à notre tour, nous préserver du désespoir, le seul malheur sans remède. *Sursùm corda* ! Élevons nos cœurs vers un meilleur avenir, et tâchons de le mériter !

Saalburg, où la première rencontre eut lieu en 1806, est un des sites les plus curieux de cette vallée où les points de vue pittoresques abondent. C'est en même temps une position militaire de premier ordre. La Saale y décrit une courbe autour d'un contre-fort haut d'environ mille pieds, qui se décompose en plusieurs étages de terrasses descendant vers la rivière. Sur cette croupe, dont les ondulations se prolongent durant une lieue au moins, tant en amont qu'en aval, s'élève le vieux Saalburg, qu'entourait à cette époque un rempart du moyen-âge. Cette bourgade consistait en une rue unique, qui, par une pente rapide, aboutissait à un pont de bois sur la Saale. L'occupation immédiate de Saalburg importait essentiellement à Napoléon, qui dirigeait sur ce point son centre (Bernadotte, Davoust), en même temps que sa droite (Soult, Ney) marchait sur Hof, et sa gauche (Lannes, Augereau), sur Saalfeld.

Le 8 octobre, l'avant-garde française, commandée par Murat, parut devant Saalburg. Ce poste n'était occupé que par un bataillon d'infanterie, deux escadrons et quelques canons, et l'on attendait si peu de ce côté l'effort principal des Français, qu'aucune mesure n'avait été prise. On n'avait ni brûlé le pont, ni barricadé la vieille porte !

Vers quatre heures de l'après-midi, le bruit du canon annonça à Tauenzien, commandant du corps le plus rapproché, que Saalburg était vivement attaqué. Il y courut, comprenant enfin l'importance de ce poste ; mais dans ce moment il était déjà trop tard.....

Les écrivains militaires prussiens prétendent que si Saalburg avait été plus fortement occupé d'avance, ou assez vigoureusement défendu pour donner le temps d'arriver au secours, Napoléon, ne pouvant faire déboucher son centre au moment voulu, aurait été contraint de suspendre le mouvement des deux autres colonnes, et par conséquent de changer tout son plan ; qu'à la vérité, la rivière était guéable sur quelques points au dessus et au dessous du pont (notam-mènt au lieu dit *Klostermühle*) ; mais qu'un passage dans de telles conditions aurait nécessairement retardé la marche des deux corps qui composaient le centre de l'armée française ; enfin, que si Napoléon avait été obligé d'employer seulement deux jours à forcer ou à tourner cette position, il aurait trouvé Taüenzien et le prince Louis réunis au prince d'Hohenlohe. Il y avait encore loin de là à une victoire prussienne, ou même à une bataille douteuse. Mais, suivant les historiens qui considèrent les arrangements pris à Tilsitt au détriment de la Prusse comme ayant été l'une des causes éloignées de la chute du premier Empire, il eût peut-être mieux valu, dans l'intérêt de Napoléon, qu'une défense plus habile ou moins malheureuse de la Prusse en 1806 lui suggérât l'idée de traiter immédiatement avec elle.....

Napoléon se trouvait alors tout près de là, au château du prince de Reuss à Ébersdorf (1). Il

1. C'est du quartier impérial d'Ebersdorf qu'est datée sa proclamation aux peuples de la Saxe, pièce dont quel-

y apprit avec une satisfaction visible l'occupation si prompte de Saalburg, qui assurait l'exécution de sa grande manœuvre. « D'ailleurs, par ce premier incident, il voyait d'avance à quels généraux il avait affaire. Comment n'aurait-il pas été content? »

Le lendemain 9, l'avant-garde française, débouchant de Saalburg, débusqua vivement Tauenzien de la position qu'il avait prise sur les hauteurs d'OEtteritz, en arrière de Schlaitz. Le malheureux village d'OEtteritz, incendié pendant l'action, n'était pas encore rebâti dix-huit mois après.

Notre voyageur, venant de Leipzig, avait commencé son exploration par Zeitz. On prétendait à Berlin que cette petite ville, traversée après les combats de Schlaitz et de Saalfeld par les troupes françaises qui marchaient sur Gera, avait subi toute espèce de violences. « Cette

ques passages, vraiment prophétiques, semblent inspirés par la situation actuelle. «..... Les succès des Prussiens vous imposeraient d'éternelles chaînes... Votre indépendance n'existerait plus qu'en souvenir; les mânes de vos ancêtres s'indigneraient de vous voir réduits sans résistance, par vos rivaux, à un esclavage préparé depuis si longtemps, *et votre pays rabaissé jusqu'à devenir une province prussienne.* »

assertion n'était nullement exacte. La plupart des localités qui se trouvaient sur le passage des corps d'armée avaient plus ou moins souffert. Tous les soldats n'étaient pas absolument des héros de vertu ; plusieurs sollicitaient du vin et d'autres douceurs moins innocentes. Mais ils n'avaient rien saccagé, rien pris de force dans aucun genre, là où il n'y avait eu que des passages sans combat. » Ce renseignement a sa valeur, ayant été recueilli sur les lieux à une époque très-voisine des événements, et par un témoin qui n'était nullement ami des Français.

De Zeitz à Gera, on compte trois lieues. Là, notre touriste allait se retrouver sur les traces de Napoléon. Celui-ci était arrivé le 11 avec sa garde à Auma, et y avait passé vingt-quatre heures. Cette petite ville eut à supporter pendant plusieurs jours et plusieurs nuits, des logements de troupes qui lui coutèrent près de 100,000 thalers.

Un barbier d'Auma se vantait d'avoir rasé dans cette circonstance mémorable, plusieurs des mentons les plus notables de l'armée française. Il racontait à ce sujet une anecdote digne d'être recueillie en France. Ce barbier était donc en train de remplir son office auprès d'un général, quand, jetant les yeux du côté de la fenêtre, il aperçoit des soldats emmenant une vache. Cette vache, il la reconnaît, c'est la sienne, son unique! Pétrifié à cet aspect, il laisse échapper son rasoir, ce qui valait mieux, au demeurant, que de faire quelque estafilade à un tel client. Celui-ci, apprenant le motif de cette grande émotion, se lève brusquement; à moitié rasé et la figure encore barbouillée, il s'élance hors de la boutique, et rattrape la bête, qu'il ramène et rattache lui-même dans l'étable. Nous regrettons que le nom de ce général n'ait pas été conservé; un pareil trait ne déparerait la vie d'aucun brave.

Levé le 12 dès trois heures du matin, Napoléon prenait du thé en regardant ses cartes, quand on lui amena deux jeunes gens qu'on venait d'arrêter, les prenant pour des espions, sur la route de Gera à Iéna. L'un d'eux était un Allemand de mine assez piteuse; mais l'autre se présenta avec beaucoup d'assurance. Il dit qu'il était fils de lord Sinclair, baronnet, ce qui fut trouvé exact, et ajouta qu'il était étrange qu'on pût supposer qu'un gentleman comme lui voyageât en compagnie d'un espion. À l'observation de l'Empereur, qu'il n'était pas moins étrange que le fils d'un tel lord voyageât à pied dans de telles circonstances, il répliqua sans se déconcerter, que pour aller en voiture ou à cheval il fallait apparemment des chevaux, et que les armées avaient mis en réquisition tous ceux du pays. L'Empereur sourit; il aimait les hommes résolus. Néanmoins les deux jeunes gens ne furent relâchés qu'après la bataille (1).

Le même jour, Napoléon vint à Gera, et gravit de suite le Galgenberg, point culminant de la contrée. Il y déploya ses cartes et questionna longuement sur la topographie du pays le maître de poste de Zeitz, amené par des hussards qui avaient été le prendre dans son lit au milieu de la nuit. Au retour de cette excursion, l'Empereur dicta pour le Roi de Prusse une dernière lettre. Plus sûr que jamais de la victoire, il offrait la paix, dans des termes dignes de la France et de lui-même. « V. M. m'a donné rendez-vous le 8. En bon chevalier, je lui ai tenu parole : je suis au milieu de la Saxe. Que V. M. m'en croie; j'ai des forces telles que toutes ses

____

1. Sinclair a publié depuis un récit de son aventure. Il n'y dissimule pas l'impression profonde que produisit sur lui cette entrevue, bien qu'il détestât cordialement Napoléon comme le plus dangereux ennemi de son pays.

forces ne pourront balancer longtemps la victoire. Mais pourquoi répandre tant de sang?... Je tiendrai à V. M. le même langage que j'ai tenu à l'empereur Alexandre deux jours avant la bataille d'Austerlitz. Fasse le ciel que des hommes vendus ou fanatisés.... ne lui donnent pas les mêmes conseils pour le faire arriver au même résultat!... Je ne veux pas profiter de cette espèce de vertige qui anime les conseils de V. M., et qui lui ont fait commettre des erreurs politiques dont l'Europe est encore tout étonnée, et des erreurs militaires dont l'Europe ne tardera pas à retentir..... Mais pourquoi faire égorger nos sujets?... Sire, V. M. sera vaincue; elle aura compromis le repos de ses jours, l'existence de ses sujets... Elle est aujourd'hui intacte et peut traiter avec moi d'une manière conforme à son rang; elle traitera avant un mois dans une situation toute différente..... V. M. est maîtresse de sauver à ses sujets les ravages et les malheurs de la guerre; à peine commencée, elle peut la terminer..... Sire, je n'ai rien à gagner contre V. M. Je ne veux rien et n'ai rien voulu d'elle. La guerre actuelle est une guerre impolitique..... »

Il faudrait citer en entier cette lettre remarquable, qui prouve que la raison du plus fort n'est pas toujours la meilleure, uniquement parce qu'il est le plus fort. Ce document a été naturellement passé sous silence par M. Lanfrey. Mais, ce qui est plus étrange, il avait été pareillement omis par M. Thiers, qui pourtant ne saurait être compté parmi les détracteurs de Napoléon, du moins à cette époque de son histoire. L'authenticité de cette lettre est pourtant irrécusable. Il est également certain qu'elle fut expédiée le 12 et qu'elle parvint à sa destination, mais seulement le surlendemain. La distance entre les deux quartiers-généraux était cependant minime, et il n'avait pas tenu à Napoléon que cette lettre du 12, confiée de suite à l'un de ses officiers d'ordonnance, M. E. de Montesquiou, ne fût remise au roi de Prusse le même jour. Mais ce messager, ayant omis de se faire accompagner d'un trompette pour constater sa qualité de parlementaire, avait été arrêté comme prisonnier et retenu toute la nuit aux avant-postes du prince d'Hohenlohe. Celui-ci était déjà sorti quand M. de Montesquiou fut amené à son quartier. Il ne rentra qu'à une heure fort avancée, et jugea qu'il serait bien temps, le lendemain matin, de faire partir l'envoyé de Napoléon!! Ce fut par suite de ces chicanes, de ces lenteurs, *toutes prussiennes,* que cette lettre, au lieu de parvenir à Frédéric-Guillaume au bout de quelques heures, alors qu'il pouvait encore se retenir peut-être sur la pente fatale, ne lui fut remise qu'au moment où commençait la bataille d'Iéna (1) !

Le bourg de Géra avait aussi son historiette. Un sous-lieutenant de la garde y avait été logé chez un vieux bonhomme d'apparence inoffensive, avec lequel il ne croyait pas devoir se gêner. Ayant besoin de tabac dans un moment où le domestique était sorti, il dit sans façon au maître que lui-même n'était pas trop bon pour servir un officier de la garde impériale. Le vieillard, sans répliquer, prend son chapeau et sa canne, va chercher le tabac ; mais au retour il jette le paquet sur la table et s'écrie en bon français : « Tiens, blanc-bec ! que dirait ton

1. V. Bignon, V, 456 et suiv. Sans ces retards la démarche pacifique de Napoléon aurait été connue du Roi de Prusse, au moment où les plus zélés partisans de la guerre étaient déconcertés par l'issue malheureuse des premiers combats ; où, de l'aveu des historiens allemands, il y avait déjà dans l'armée prussienne « confusion, disette, découragement et pressentiment pénible d'une ruine imminente.....»

Empereur s'il savait que tu te fasses servir ainsi par un colonel qui a fait la guerre de Sept ans sous vos drapeaux, et qui a peut-être eu ton grand-père pour camarade ! » On ajoutait qu'un capitaine de la garde qui se trouvait là avait pris fait et cause pour le vétéran saxon, et contraint l'étourdi à faire des excuses.

Napoléon avait un grand intérêt politique à ménager les sujets de l'électeur de Saxe. Il savait que leurs relations avec les Prussiens n'étaient rien moins que cordiales, et que beaucoup d'officiers saxons faisaient cette campagne à contre cœur. L'un d'eux, pris à Saalfeld, écrivait à un de ses amis : « Je t'ai promis de te tenir au courant de nos progrès. Depuis hier, nous en avons fait de très-considérables, mais à reculons. » Ce début n'annonçait pas un homme bien désolé.

Nous empruntons quelques traits intéressants aux lettres de cet officier, où respire le vieil esprit d'antagonisme saxon contre la Prusse (1).

____

1. Cet esprit d'antagonisme persiste encore aujourd'hui ; j'ai pu m'en convaincre dans le cours de la dernière guerre. Les Prussiens et les Saxons ne pouvaient se rencontrer dans les mêmes cantonnements sans se quereller, se traiter réciproquement de voleurs, et souvent avec

« Quel pouvait être le plan du prince Louis (un homme qui jusque-là avait passé pour intelligent), en nous menant dans une pareille impasse ? C'est ce qu'il est tout à fait impossible de deviner. Les débouchés de la forêt de Thuringe étaient tous occupés, il le savait dès la veille. Les ennemis étaient plus forts au moins du triple, il le savait aussi ! Il ne pouvait avoir davantage le projet de faire une trouée en concentrant ses forces sur un seul point, le défilé de Garndorf par exemple, puisqu'il nous laissait éparpillés. D'ailleurs il eût fallu des Titans pour risquer une pareille escalade.

« Je vais essayer de te donner une idée de l'aspect du pays, et de notre singulière position. Figure-toi, sur une longueur de plus d'un mille,

raison de part et d'autre. Des officiers saxons, qui avaient combattu du côté des Autrichiens en 1866, paraissaient regretter sincèrement que l'inertie de la France eût fait, à cette époque, si beau jeu aux Prussiens. Ils prévoyaient bien que le résultat de cette nouvelle guerre tournerait encore au détriment de la « petite patrie » saxonne. On comprend ces regrets, cette jalousie, quand on considère combien l'électorat de Brandebourg était encore peu de chose auprès dela Saxe au commencement du dix-huitième siècle, et combien la Saxe est aujourd'hui peu de chose auprès de la Prusse, en attendant qu'elle en vienne à n'être plus rien.

une chaîne de véritables montagnes, sillonnées de ravins escarpés, le tout couvert de bois, sous lesquels se dissimulent les masses ennemies. Nous vois-tu ensuite, épars le long de ce rempart menaçant, à découvert sur l'étroit rebord de prairies qui le sépare de la Saale, à laquelle nous étions adossés ?...

« De ce rempart, les tirailleurs ennemis, parfaitement abrités, nous choisissaient à l'aise, sans qu'il fût possible de riposter à des gens parfaitement invisibles, et ce divertissement se prolongea pendant plusieurs heures. Pendant ce temps, les chefs français, parfaitement placés pour discerner les points faibles de notre ligne, prenaient leurs dispositions en conséquence. Vers trois heures, leurs colonnes fondirent sur nous comme une avalanche. En un clin d'œil nous nous trouvâmes coupés en trois tronçons, entourés d'un cercle de feu et acculés à la rivière. On se défendit bravement, mais il fallut céder au nombre ; ce furent les Prussiens qui nous donnèrent l'exemple de la retraite, en se confiant aux *Nymphes de la Saale...* Toutefois, mon bataillon trouva le moyen de s'échapper à travers les montagnes, en escaladant les rives d'un des affluents torrentiels de la Saale, la

Schwarra. Nous franchîmes là, bêtes et gens, des passages qui eussent fait reculer plus d'un piéton dans les circonstances ordinaires.

« Enfin, après une heure d'ascension désespérée, nous nous trouvâmes dans des parages solitaires, séparés de nos camarades, mais nous croyant également hors de la portée de l'ennemi..... »

Le narrateur s'était réjoui trop vite. Un peu plus loin, ayant généreusement prêté sa monture à quelques camarades fatigués, pour les aider à franchir un torrent dans une gorge profonde, il était demeuré avec eux fort en arrière de son bataillon, qui déjà gravissait la pente opposée. Une patrouille de hussards français, qui les enveloppa tout à coup, « leur épargna la peine de rejoindre. »

Je ne sais trop si, au fond, l'auteur de ce récit était bien profondément désolé de la mésaventure qui mettait ainsi fin aux péripéties d'une semblable retraite. Toutefois les premiers moments de sa captivité furent rudes. Comme de raison, sa montre, sa bourse, et même l'écharpe de soie, qui était alors un signe distinctif de commandement dans l'armée allemande, passèrent, en un clin-d'œil, dans les poches des vainqueurs. Il eut ensuite maille à partir avec un dernier hussard attardé, qui se mit à crier l'*argent !* d'une voix peu aimable, aussitôt qu'il aperçut le prisonnier. Celui-ci répondit à cette invitation en exhibant l'unique groschen qu'il avait sauvé du naufrage. Cela lui valut un coup de pistolet tiré à quelques pouces du visage, et dont la flamme le rendit un moment aveugle. Les autres hussards, qui avaient les poches pleines, réprimandèrent vivement leur camarade de sa brutalité. L'un d'eux dit amicalement au prisonnier : « Dans trois semaines, votre nation sera l'alliée de la nôtre. — C'est possible, dit le Saxon, mais cette alliance sera venue pour moi trois semaines trop tard. »

On conduisit les captifs à pied jusqu'au village de Volkstædt, où étaient amenés tous les prisonniers. Les cavaliers qui venaient de faire cette capture appartenaient au 10ᵉ hussards.

Un maréchal-des-logis, d'une physionomie fort rébarbative, « tel qu'on peut se figurer l'Ange exterminateur de l'Apocalypse », semblait faire les fonctions de trésorier. C'était à lui qu'on remettait l'argent trouvé sur les morts et sur les prisonniers : il mettait le tout dans un mouchoir sale « servant de tire-lire », et le distribuait également aux camarades. C'était ce maréchal-des-logis qui venait de tuer le prince Louis de Prusse.

De cette première étape, les prisonniers furent dirigés sur Saalfeld, en passant par un grand village nommé Schwarra, dont les habitants avaient pris la fuite, sauf quelques vieillards et enfants. « Là, dit le narrateur, je vis au naturel les *misères et les malheurs de la guerre*, et j'ai pu me convaincre que Callot n'a rien exagéré. » Comme il arrive toujours dans les localités abandonnées, les soldats harassés, affamés, se servaient eux-mêmes, et plus que copieusement. Ils exécutaient sur les bestiaux de furieuses charges à l'arme blanche, sabraient les moutons et les porcs en déroute, lardaient les vaches et les veaux de coups de baïonnette. Notre placide Allemand s'étonnait de voir des hommes qui avaient marché et combattu toute la journée, retrouver des jambes pour se lancer à la poursuite des volailles effarouchées. C'était un tumulte indescriptible, un vacarme étourdissant, où se confondaient les cris de quadrupèdes et de bipèdes en détresse, les éclats de rire des maraudeurs, le bruit des coups de pistolet tirés sur les tonnes par les buveurs impatients, et aussi les lamentations des victimes de la guerre.

Dégagé enfin de cette cohue, le convoi de prisonniers poursuivit sa route vers Saalfeld, but de son triste voyage. Il faisait déjà presque nuit ; et ces lieux avaient un aspect fort propice à émouvoir vivement une imagination allemande, déjà surexcitée par le jeûne et la fatigue. « En contemplant, dit notre Saxon, ces brasiers multipliés par les eaux, autour desquels d'innombrables figures noires s'agitaient et projetaient de grandes ombres, je me croyais en plein Tartare. La Saale était mon Achéron, je craignais de trouver à Saalfeld un Radamanthe ; et pour m'étourdir sur mon sort, je faisais des emprunts fréquents d'eau du Léthé aux gourdes de nos bienveillants conducteurs. »

Bientôt il put reconnaître que les habitants de cet enfer étaient, après tout, d'assez bons diables. Tout d'abord, deux petits voltigeurs le prirent chacun par un bras ; « à nous trois, dit-il, nous avions un faux air de pyramide. » Il savait assez de français pour leur faire comprendre sa mésaventure, dont ils parurent fort affectés. « Comment a-t-on pu vous piller, disaient-ils, vous qui parlez notre langue ? » Il est probable que de copieuses libations contribuaient à cet attendrissement. Il eut beaucoup de peine à s'arracher aux étreintes de ses nouveaux amis, qui voulaient l'emmener souper, et tiraient avec obstination chacun de son côté.

L'obscurité était déjà profonde quand ils atteignirent Saalfeld, et ce qu'on y entrevoyait dans les ténèbres était sinistre. La plupart des maisons portaient des traces nombreuses de balles et de boulets ; et comme une partie des Prussiens avaient fait leur retraite à travers cette petite ville en continuant à se battre, elle avait été mise au pillage. Les *lois* de la guerre le voulaient et le veulent encore ainsi, comme le savent trop bien les habitants de Bazeilles et de bien d'autres localités, mises à sac en 1870.

On conduisit les prisonniers chez un homme « qui était encore, le matin même, l'un des habitants les plus aisés de la ville. » Mais sa maison avait été deux fois visitée pendant cette terrible journée, et bien d'autres avaient eu le même sort. Le pillage avait duré jusqu'à l'apparition du 100ᵉ de ligne, troupe aussi disciplinée que brave, mais qui était arrivée bien tard... « Naturellement, mon hôte avait eu, de même que ses concitoyens, une lourde charge de logements militaires. En compensation de ses pertes, je trouvai chez lui six officiers français, plus un officier de l'état-major saxon prisonnier, assis autour d'une table abondamment servie. J'étais dans les meilleures dispositions pour faire honneur à ce repas. Mais j'aperçus dans un coin de la salle le maître de la maison se tordant les mains auprès de sa femme, étendue sur un canapé et en proie à d'affreuses convulsions, et ce spectacle nous ôta complétement l'appétit... » Il paraît que les maraudeurs n'avaient rien respecté....

Les prisonniers n'eurent qu'à se louer des officiers français, qui poussèrent la délicatesse jusqu'à s'abstenir de toute allusion aux événements de la journée. Ils eurent également tout lieu d'être contents des soldats, qui semblaient chargés plutôt de les servir que de les garder. A l'aube, un véritable ouragan de tambours réveilla brusquement ceux des captifs qui avaient pu s'endormir : ils virent défiler successivement les corps d'armée de Lannes et d'Augereau. On retrouve dans les pages que nous analysons la trace encore vivante du prestige qui entourait alors ces soldats de la France impériale, les premiers soldats du monde. Notre Saxon les admirait en homme du métier. Il remarquait leur tournure alerte, dégagée, qui contrastait si fort avec la roideur prussienne de ce temps-là. « Pendant un passage de plusieurs heures, dit-il, je ne remarquai pas le moindre mouvement défectueux, je n'aperçus pas un traînard. A la rencontre d'un obstacle, les rangs s'ouvraient, puis se refermaient soudain comme par enchantement, sans la moindre apparence de désordre. Dans ces circonstances, les accélérations ou les ralentissements partiels de marche, nécessaires pour le raccordement de l'ensemble, s'exécutaient avec une précision, une dextérité prodigieuse. Ce défilé avait l'allure majestueuse et puissante d'un grand fleuve. »

En revenant de l'ambulance, où il était allé visiter des camarades blessés, notre Saxon rencontra Lannes, qui échangea quelques mots avec lui. Le maréchal était alors fort préoccupé de savoir si l'officier général prussien tué la veille était bien le prince Louis. Heureux de trouver un officier allemand qui comprenait quelques mots de français, il demanda à celui-là s'il connaissait de vue le prince, si ce n'était pas un blond, jeune encore, d'une taille svelte, avec d'épais favoris, et portant habituellement trois ordres militaires? La réponse affirmative du Saxon à toutes ces demandes leva les derniers doutes du maréchal. Il dit à son interlocuteur que le prince allait recevoir les honneurs funèbres dus à son rang et à son courage.....

Une autre lettre de ce même officier, écrite pendant sa translation en France, donne encore quelques détails pleins d'intérêt sur les derniers moments de son séjour à Saalfeld. Voici d'abord un trait d'humanité et de courtoisie françaises; il nous consolera un peu des fâcheux incidents qui avaient accompagné la prise de possession de cette ville. Les officiers captifs avaient obtenu la faculté de se choisir des plantons parmi les simples soldats également prisonniers; ceux-ci, entassés dans l'église qu'on avait dû leur donner pour prison, aspiraient tous après ce changement de situation équivalant à peu près à la liberté. Seulement, ces plantons, n'étaient délivrés, comme de raison, que sur une autorisation du commandant de place.

« Chargé de requérir un de ces pauvres soldats pour le service d'un de mes camarades blessés, je demandai l'adresse du commandant à l'un des nombreux officiers français qui se promenaient sur la place du marché « Je l'ignore complétement ; mais venez, me dit-il en me prenant amicalement le bras, nous la trouverons à force de demander (1). » Et en effet, après bien des allées et des venues sur le pavé très-pointu de cette ville, nous découvrîmes la bienheureuse adresse. Mon obligeant *cicerone* ne s'en tint pas là ; il voulut m'accompagner chez le commandant auquel il fit passer son nom ; puis se chargea de porter la parole, me dispensant ainsi d'écouter les quelques phrases françaises que j'avais laborieusement préparées. Le commandant avait déjà satisfait à de nombreuses demandes de ce genre. Il hésitait visiblement pour celle-là ; mon compagnon insistait et semblait aussi inquiet que moi-même ; il ne parut pas moins heureux quand le commandant céda enfin à ses instances. « Venez vite, me dit cet aimable homme ; je veux voir la délivrance d'un pauvre prisonnier », et il m'entraîna vers l'église. Chacun des captifs désirait être l'élu : je me hâtai de faire mon choix et de sortir, pour n'être pas témoin du désappointement des autres pauvres diables, pour lesquels je ne pouvais rien..... Mon brave Français prit alors congé de moi. « J'ai déjà fait

---

1. En français dans l'original.

dix heures de marche, me dit-il, nous en avons encore six à faire avant l'étape. Nous repartons à l'instant même ; je suis heureux d'avoir pu employer le temps de notre halte à faire une bonne action. Il me serra cordialement la main, et courut se replacer dans les rangs de son régiment. »

Ceci est très-humain, très-courtois, en un mot très-français. Nous aurons à citer plusieurs anecdotes semblables, empruntées aux mêmes sources. Elles répondent victorieusement aux diatribes de certains écrivains, qui ne sont pas toujours des étrangers contre les braves du premier Empire.

Le 14, les prisonniers, dont le nombre augmentait d'heure en heure, avaient été concentrés, par ordre supérieur, dans le vieux château de Saalfeld, d'où ils auraient été dirigés sur la France immédiatement et en masse, si l'issue de la grande bataille ne nous avait pas été favorable. Pendant toute cette journée on avait entendu, sans relâche, le grondement lointain du canon, renvoyé et multiplié par l'écho des montagnes. « Le lendemain parut, la figure rayonnante, un officier venant de la grande armée ; il apportait à ses camarades l'*évangile de la victoire.* »

Nous ne suivrons pas ce prisonnier dans le récit de ses pérégrinations vers la France, bientôt terminées par la réconciliation de son souverain avec l'Empereur. Mais nous ne saurions quitter le champ de bataille de Saalfeld sans dire quelque chose du prince prussien qui venait d'y racheter en partie, par une mort honorable, ses fautes politiques et militaires, et les écarts d'une jeunesse plus que brillante.

La mémoire du prince Louis-Ferdinand fut, pendant quelques années, l'objet d'une espèce de culte. Beaucoup de gens croyaient ou affectaient de croire que cette mort prématurée avait été l'un des grands malheurs de la Prusse, que Napoléon aurait bien pu trouver un rival, sinon un maître, dans ce neveu du grand Frédéric. Cette illusion surannée du patriotisme prussien a été chaudement réhabilitée de nos jours, dans un livre publié en France ! Ennemi furieux des Français, le prince Louis a pu trouver dans M. Lanfrey un ardent panégyriste. Le récit des prouesses de Louis à Saalfeld tient plus de place dans son ouvrage, que celui de la *facile victoire* (textuel) d'Iéna. Cet historien nous montre son héros prussien aux prises avec Lannes, *un adversaire digne de lui (!)* balançant longtemps la victoire, accablé seulement par le nombre; s'obstinant encore à la lutte après avoir vu tomber tous ses compagnons, se faisant tuer, enfin, pour ne pas survivre à sa défaite. « Ainsi expira dit-il, sur le seuil de son pays envahi, ce généreux *jeune homme, qui semblait réservé aux plus hautes destinées.* S'il ne lui fut pas donné de les remplir, du moins il ne vit pas sa patrie profanée par l'étranger (1). »

Cette élégie, qui se justifierait en s'appuyant sur des faits toutefois, dans la bouche d'un écrivain prussien, ne laisse pas que de paraître étrange dans un livre rédigé en notre langue. Mais plusieurs ouvrages allemands que M. Lanfrey aurait dû consulter, ou se faire traduire, donnent une idée un peu différente de son « généreux jeune homme », qui par parenthèse avait alors bien près de trente-cinq ans, étant né au commencement de 1772. C'était un homme brave, intelligent, mais d'un jugement faux, et déjà fatigué par l'abus de tous les plaisirs. L'aveugle prédilection de ses parents, les mauvais exemples du dernier roi son cousin, avaient exercé sur sa

1. Lanfrey, IV, 483.

première jeunesse une influence regrettable. Parvenu au seuil de l'âge mûr, il avait conservé toutes les allures, toutes les excentricités d'un enfant gâté. On vantait avec raison sa facilité exceptionnelle pour les exercices du corps, pour la musique ; mais il faisait tout cela avec une passion extrême, sans règle ni frein. Élève de Dussek, il avait un talent de pianiste très-remarquable pour son temps, mais se laissait emporter à tel point dans la chaleur de l'exécution, que ses accompagnateurs restaient toujours fort en arrière. On retrouvait chez lui, en toute chose, ce défaut de tact et de mesure, cette fougue indomptable de tempérament.

Dans la campagne de 1792 en France, il montra beaucoup de courage et non moins d'insubordination. Il faut lire dans le *Journal* de Goethe le récit caractéristique d'une escapade de Louis-Ferdinand à travers la forêt d'Argonne. On l'y voit forçant avec volupté toutes les consignes, suivi du commandant d'une grand'garde tout éploré, qui n'a osé résister au prince, et s'épouvante de lui avoir obéi. Déjà plusieurs balles françaises avaient salué Louis-Ferdinand et son escorte, à laquelle Goethe s'était joint en amateur, quand plusieurs officiers prièrent le poète d'intervenir pour mettre fin à cette dangereuse promenade. Le prince, qui avait accueilli avec emportement les observations des militaires, déféra à l'humble et adroite requête de l'auteur de *Werther*.

L'année suivante, Louis-Ferdinand se distingua comme soldat au fameux siége de Mayence. On le vit plus d'une fois faire face aux colonnes de sortie républicaines ; à leur *Ça ira !* il répondait en français : *non ! ça n'ira pas !* Un jour il chargea sur ses épaules, au milieu d'une grêle de balles, et emporta de la mêlée un officier autrichien grièvement blessé. Il existe une médaille commémorative de ce trait, le plus beau de sa vie.

Pendant les loisirs de la paix, l'infatigable prince ne fit que changer de champ de bataille, et les lauriers disparurent sous les myrtes, comme on disait alors. Ses panégyristes prétendent, pour l'excuser, que du moins il ne mettait à mal que des personnes qui y étaient fort disposées. L'un d'eux lui attribue même un acte de vertu très-méritoire ; il aurait arraché à un poste des plus périlleux un officier, époux d'une beauté qui avait des scrupules en tant que femme mariée, mais ne demandait qu'à devenir veuve pour combler tous les vœux du prince.

Parmi ses incartades amoureuses, la plus forte fut celle qu'il commit en 1802, en quittant un commandement militaire pour suivre à Hombourg une belle Hollandaise. L'officier chargé de l'enlever à cette Armide et à d'autres enchanteresses ne put y réussir qu'en le menaçant, de guerre lasse et après bien des ajournements, de recourir à l'autorité civile. Le prince qui donnait un pareil scandale avait déjà trente ans, et le grade de lieutenant-général. Généreux envers tous et toutes jusqu'à la prodigalité la plus folle, il en était arrivé, dans ses dernières années, à la certitude mathématique de ne pouvoir jamais payer ses dettes.

Avec ce caractère et dans cette situation, il devait être un des coryphées du parti de la guerre. On sait qu'il fut l'instigateur des insultes publiques dirigées contre le ministre Haugwitz, le dernier tenant de l'alliance française. Mais ce qu'on sait moins, c'est qu'à la même époque, alors que Frédéric-Guillaume III hésitait encore à se lancer dans cette terrible aventure, son tendre cousin le déclarait, de ce chef, indigne de régner et même de vivre. Il s'exprimait ainsi en présence de trois personnages considérables, le professeur Ancillon, l'historien J. de Muller, et le célèbre agent bourbonien d'Entraigues.

Telle est souvent, comme le fait observer avec raison l'un des biographes de Louis-Ferdinand, la destinée des princes du sang. Quand ils veulent devenir autre chose que des hommes de plaisir, ils sont fatalement entraînés à conspirer.

Celui-ci aurait pu être un homme de guerre remarquable, à l'époque où les qualités essentielles du commandement étaient la force physique, l'adresse, la bravoure portée jusqu'à la plus extrême témérité. Tous les écrivains militaires sont d'accord sur son dernier combat. Sa mort vint bien à propos pour expier l'imprudence qu'il avait commise en s'obstinant à combattre dans ce fond marécageux, vrai coupe-gorge commandé, comme on l'a vu dans le récit précédent, par des hauteurs boisées qui dominaient non-seulement la position des Prussiens, mais leur unique ligne de retraite. « Les Français, dit un contemporain, n'auraient pas même eu besoin de tirer un coup de fusil ; il leur aurait suffi de faire rouler des pierres pour rendre la position insoutenable. » La conduite du prince Louis sembla d'autant plus étrange que, dans la soirée précédente, on l'avait entendu recommander à ses officiers d'être très-prudents. Forcé par des ordres supérieurs de lui confier le commandement de son avant-garde, le prince de Hohenlohe lui avait envoyé à plusieurs reprises pendant la nuit précédente, et le matin même du combat, l'ordre de se replier sur Rudolstadt. Il avait répondu brusquement à l'officier porteur de ce dernier ordre, qu'on retrouva sur lui quelques heures après : « Je sais ce que j'ai à faire. »

Certaines gens avaient attribué ce vertige au vin de champagne, que le prince exceptait beaucoup trop, dit-on, de sa haine pour ce qui venait de France. Cependant l'aubergiste de l'*Ancre*, à Saalfeld, chez lequel le déjeûner du prince était préparé, affirmait qu'il n'y avait pas touché. Il revenait entre sept et huit heures du matin d'une première excursion, et se trouvait encore sur la place du marché, quand plusieurs ordonnances accourant de différents côtés, lui signalèrent l'approche des Français. Il repartit aussitôt, sans avoir mis pied à terre.

Le récit de sa mort, recueilli à Saalfeld même par les contemporains, diffère de la version qui le fait périr dans la mêlée, et paraît plus authentique. Au-dessous du village de Wohlsdorf, il y avait un champ labouré, finissant en contre-bas à un chemin creux qui, de l'autre côté, confinait à une prairie traversée par la Saale. Louis, qui s'efforçait bravement de couvrir la retraite plus que précipitée de son infanterie, rassembla dans ce champ ses derniers cavaliers, et fit à leur tête une charge qui fut vigoureusement ramenée par les hussards rouges français. Resté seul, le prince voulut se jeter dans le chemin creux ; mais, au moment où son cheval franchissait la haie de clôture, il reçut par derrière un coup de feu qui l'abattit. Louis arracha ses pistolets de leurs fontes ; puis, au lieu de traverser la rivière à la nage, ce qui l'eût probablement sauvé, il prit sa course dans le chemin creux du côté de Rudolstadt. Il fut bientôt atteint, près d'une barrière, par deux cavaliers sur lesquels il déchargea ses pistolets. L'un de ces cavaliers, simple hussard, prit la fuite ; l'autre, homme aussi déterminé que vigoureux, fondit sur le prince et le somma de se rendre. C'était ce robuste maréchal-des-logis, que le prisonnier dont nous citions tout à l'heure la relation comparait à « l'Ange exterminateur ». Louis répondit : *Sieg oder Tod !* (là victoire ou la mort), et mit le sabre à la main. Suivant cette version allemande, ce combat inégal fut néanmoins quelque temps douteux. Mais enfin Louis, déjà deux fois atteint à la tête, s'abattit sur un troisième coup vigoureusement asséné de haut en bas, qui lui ouvrit le crâne par derrière ; et son adversaire, sautant aussitôt à terre, lui poussa encore dans la poitrine un furieux coup de pointe, probablement inutile. En dépouillant le mort, il vit bien, à ses décorations et à la richesse de l'uniforme, qu'il avait eu affaire à un officier du rang le plus élevé, et regrettait déjà beaucoup de l'avoir tué. Il appela un paysan qui avait été spectateur du combat ; cet homme enveloppa le cadavre dans un drap de lit et le transporta sur une charrette à Saalfeld. Le lendemain, quand son identité fut bien constatée, on le mit sur un brancard, et quatre soldats français le portèrent à la principale église. Pendant toute la journée du 12, il demeura exposé au pied de l'autel. D'après un témoin oculaire, sa physionomie n'avait subi aucune altération, elle « restait belle dans la mort ».

Il fut embaumé et inhumé dans cette même église, à côté d'un prince de Saxe-Cobourg-Saalfeld. Celui-là, l'un des ancêtres du vaincu de Fleurus, était tombé jadis, comme Louis-Ferdinand, au champ d'honneur ; mais c'était en combattant des Turcs. On plaça aussi une pierre commémorative à l'endroit où Louis-Ferdinand avait succombé ; et, pendant plusieurs années, ses anciens amis firent régulièrement le pèlerinage de Saalfeld. Après tout, « cette fin était glorieuse et digne de regret ; il était mort comme doit désirer de mourir tout bon soldat (1). »

1. 2ᵉ bulletin de la Grande Armée.

III

Nous reprenons maintenant le récit de l'exploration des champs de bataille de la Thuringe, qui fait partie des *vertraute Briefe*.

En se dirigeant sur Iéna, le voyageur s'arrêta à Kahla, chez l'hôtesse de l'*Homme sauvage*, une robuste virago, « formée, dit-il, par les étudiants d'Iéna. » Cette forte éducation lui avait été d'un grand secours pendant une soirée qui resta le principal événement de sa vie, celle du 13 octobre 1806, où elle avait eu cinq généraux français à héberger ensemble avec toute leur suite. Ce n'était pas qu'elle eût l'embarras de les servir ; ils ne se servaient que trop bien eux-mêmes, et de manière à ne laisser après eux que les quatre murs. Pour commencer, tout ce qu'elle avait de provisions était accaparé par ses hôtes; il ne lui restait absolument rien pour elle ni les siens. Elle se débattait donc parmi cette meute dévorante de valets, de cuisiniers, de palefreniers, et faisait une si belle et si bruyante défense, qu'un des généraux, impatienté de ce vacarme, se leva de table et arriva l'épée à la main, menaçant d'embrocher cette braillarde dans sa propre cuisine. « Eh bien oui ! dit-elle, tuez-moi, tuez-nous tout de suite ; cela vaudra mieux que de mourir de misère et de faim, moi et mes huit enfants ! » Le général, dont nous regrettons de ne pouvoir indiquer le nom, passa tout à coup de la colère à l'attendrissement. Il prit la main de cette pauvre femme, employa à la calmer le peu d'allemand qu'il savait. Puis, joignant heureusement l'action à la parole, il alla lui chercher lui-même un plat de sa table, et mit à la porte une bonne partie des pillards.

L'aspect des champs de bataille d'Iéna et d'Auerstædt a été souvent décrit, et le tableau général des deux actions n'est plus à faire après M. Thiers. Aujourd'hui encore, malgré plus d'une revanche, aucun Prussien ne contemple sans une cruelle émotion la petite ville d'Iéna, couchée au pied de son fameux Landgrafenberg, qui porte maintenant pour les siècles le nom de *Napoleonsberg*. Le mont qui s'élève derrière Iéna se subdivise en plusieurs cimes, et c'est celle-là qui surplombe immédiatement la ville ; mais elle n'est pas, comme on l'a souvent dit par erreur, la plus haute de toutes. Elle est dominée par la *Windknolle*, et surtout par le véritable point culminant de la montagne, le *Donrberg*, dont les abords furent occupés, jusque dans la matinée du 14, par les vedettes de Tauenzien. Plotho et d'autres écrivains allemands soutiennent qu'il n'aurait pas été impossible aux Prussiens de hisser, le 12 ou le 13, des canons sur ces plateaux supérieurs, et de créer ainsi un obstacle insurmontable à l'installation de Napoléon. Mais leurs généraux, dépourvus de cartes même passables, perdus dans les brouillards des vallées inférieures, et dans un brouillard moral encore plus intense, ne paraissaient pas soupçonner l'importance stratégique de cet échiquier de montagnes (1). A tous les moments décisifs

1. Il n'y avait pas alors de bureau topographique à Berlin.

de cette première campagne de sept jours, les Prussiens nous apparaissent, postés en contre-bas de leurs adversaires. Dans toutes les rencontres, les chefs semblent leur avoir ménagé à plaisir ce désavantage de position, qui vient s'ajouter à la fatigue des marches et contre-marches inutiles, à l'infériorité du nombre, à l'épuisement de la faim. « Tandis que l'armée française s'établit sur les hauteurs, le prince de Hohenlohe va enfouir son quartier-général au fin fond de la vallée. L'un bivouaque et veille sur le Landgrafenberg ; l'autre s'en va dormir dans un bon lit au château de Capellendorf. Comment celui-là ne serait-il pas vaincu ! »

Rien ne donne mieux l'idée de la démoralisation anticipée des troupes prussiennes, que le récit de l'alerte qui avait eu lieu à Iéna dès le 11 au soir, alors que les avant-gardes françaises étaient loin encore. Écoutons un témoin oculaire :

« Le prince allait se mettre à table... quand il s'éleva soudain un violent tumulte ; on criait que l'ennemi n'était plus qu'à une petite lieue ! Cela

Aujourd'hui, nous le savons par expérience, ils connaissent mieux la France qu'ils ne connaissaient alors leur propre pays !

était impossible, car nous avions des troupes sur toutes les routes aboutissant à la ville, et l'on n'avait aucun rapport qui concordât avec un pareil bruit. Il circula néanmoins, comme une traînée de poudre, parmi les soldats qui stationnaient autour et à l'intérieur d'Iéna, et l'effet en fut tel, que le prince fut forcé d'aller lui-même mettre le holà. C'était un désordre immense, honteux... De tous côtés on criait que les Français arrivaient en force, qu'ils avaient déjà refoulé les avant-postes... et personne, bien entendu, ne pouvait dire dans quelle direction. Sur la route de Weimar se pressait une cohue de soldats de toutes armes, prétendant aller à la rencontre de l'ennemi auquel ils tournaient le dos ! Enfin, la panique était telle qu'il fallut organiser des patrouilles d'officiers pour explorer les bois et les vignes ; on prétendait que tous les alentours d'Iéna fourmillaient déjà de tirailleurs ennemis... Au bout d'une heure, on reconnut qu'il n'y avait nulle part de Français en vue, et que cette alerte provenait seulement de quelques fuyards de Schleitz et de Saalfeld (1). »

1. *Bericht eines augenzeugen* (récit d'un témoin oculaire, etc.), pp. 88-90.

Le lendemain, le colonel de Massenbach, chef d'état-major du prince de Hohenlohe, s'en fut au quartier-général du duc de Brunswick, pour réclamer « trois bagatelles » qui faisaient défaut à Iéna ; des munitions, du pain et des fourrages. Il n'obtint satisfaction que sur le premier point ; pour le reste, l'intendant général Guionneau, auquel on le renvoya, répondit gravement qu'il était de toute impossibilité que les troupes manquassent de la moindre chose ; que toutes les mesures étaient prises, les écritures en règle, etc. Massenbach rapporta le 13 de Weimar l'ordre désastreux de rester sur la défensive du côté d'Iéna, ordre trop bien exécuté par Hohenlohe. Ce fut pour s'y conformer qu'il suspendit l'attaque du Landgrafenberg , qui avait encore alors quelques chances de succès.

L'anniversaire du 14 octobre est doublement néfaste dans les annales de la Prusse. Quarante-huit ans, jour pour jour, avant la bataille d'Iéna, Frédéric avait perdu contre Daun, son adversaire habituel, celle d'Hochkirch, livrée sur une partie du terrain où Napoléon remporta, en 1813, la victoire de Bautzen. La position de Frédéric II à Hochkirch présente une analogie singulière avec celle de Napoléon au-dessus d'Iéna, mais le monarque prussien avait affaire à un antagoniste plus éveillé que le prince de Hohenlohe. Daun sut prendre à propos l'offensive, et délogea vivement Frédéric de la position audacieuse qu'il avait prise avec une portion de son armée, avant que le reste fût à portée de le secourir. En 1806, plusieurs officiers prussiens, s'inspirant sans doute de ce souvenir, proposaient, le 13 octobre au soir, une attaque nocturne contre les hauteurs. On objecta la fatigue des troupes, l'inconvénient de changer des dispositions déjà arrêtées et exécutées, et le général en chef alla se coucher. Il s'était mis en tête que la journée du lendemain se passerait en escarmouches insignifiantes. Cette idée était si fortement enracinée chez lui, qu'au commencement de l'action il voulait empêcher le brave général Grawert d'aller au secours de Tauenzien, assailli par des forces supérieures.

La plupart des écrivains allemands ont été impitoyables pour ce malheureux prince, et franchement on ne peut guère leur en faire un crime. Ils ont rappelé jusqu'à ses mésaventures conjugales, préludant à celles de la guerre. Ils lui ont reproché d'avoir manqué de science, de vigilance et de coup d'œil ; de n'avoir jamais

compris qu'après coup les opérations de l'adversaire, si bien qu'il en était réduit, la veille et
l'avant-veille de la bataille, à demander aux
fuyards de Schleitz et de Saalfeld où pouvaient
bien être leurs vainqueurs. Toutefois, il est
juste de rappeler que douze ans auparavant ce
même général avait battu Hoche à Kaiserslau-
tern, qu'à Iéna même il montra beaucoup de
ténacité et de courage, une fois l'action engagée.
Il faut lui tenir compte, comme circonstances
atténuantes, de ses continuels tiraillements avec
le généralissime Brunswick, qu'il n'aimait pas et
dont il n'était pas aimé ; de l'insuffisance de son
chef d'état-major Massenbach, militaire littéra-
teur de l'école de Mack, toujours absorbé dans
ses paperasses, connaissant mieux les champs
de bataille des guerres puniques, que le terrain
sur lequel on allait combattre les Français.

Massenbach est l'auteur d'un ouvrage auquel
nous avons fait des emprunts assez nombreux,
le « récit d'un témoin oculaire de la campagne
du prince de Hohenlohe », publié avant la fin
de la guerre. Ce récit, important pour les faits
dont l'auteur avait été le témoin immédiat,
contient des erreurs vraiment inexcusables de
la part d'un chef d'état-major. Il semble prou-

ver, par exemple, que le prince et Massenbach, du 10 au 14 octobre, se contentèrent d'aller et de venir dans le fond de là vallée : ni l'un ni l'autre n'eurent la curiosité de faire une reconnaissance au dessus d'Iéna (1) !

Ainsi que nous l'avons déjà dit, la conduite des Saxons auxiliaires dans cette bataille fut des plus honorables. Ils ne se séparèrent des Prussiens que pendant la retraite, en vertu d'ordres supérieurs, et alors qu'ils ne pouvaient plus que se perdre avec eux sans les sauver. Il est à regretter, pour leur honneur, qu'ils n'aient pas agi de même avec nous à Leipzig ! La cavalerie saxonne surtout, commandée par le brave général Zeschwitz, se distingua pendant les dernières heures de la bataille d'Iéna. A ce moment se rattache le souvenir d'un trait de courage saxon et de générosité française, qui eut un certain retentissement. Dans l'une des dernières charges essayées pour dégager les débris du corps de Ruchel, un des plus hardis

____

1. L'opinion que nous exprimons sur Massenbach est celle des écrivains les mieux informés. Il existe pourtant une biographie, composée du vivant de ce général, dans laquelle il est porté aux nues. Mais nous croyons qu'elle est de lui.

cavaliers saxons, engagé trop à fond, se trouva cerné par des dragons de Murat. Il se défendit comme un lion, blessa plusieurs de ses adversaires. Mais enfin, grièvement atteint lui-même au bras droit, il allait périr, quand soudain l'un des dragons, le voyant chanceler, se mit à parer les coups de ses camarades en criant : « Nous sommes Français ! les braves épargnent un ennemi désarmé ! » Puis il aida le blessé à sortir de la mêlée et le conduisit à l'ambulance.

Sauf les ruines de Vierzehnheiligen, incendié par les Prussiens, toute trace de dévastation avait disparu de ce champ de bataille, moins de deux ans après. Seulement, dans les prairies voisines de ce village, et sur le Sperlingsberg, où la lutte avait été si acharnée, des touffes d'herbes plus épaisses marquaient encore çà et là l'emplacement des fosses...

Iéna avait beaucoup souffert ; dans la seule rue Saint-Jean (*Johannisstrasse*), une quinzaine de maisons étaient en ruines. Les habitants avaient eu à supporter des charges énormes, mais inévitables, de logements militaires. Il y eut beaucoup de gaspillage, mais pas autre chose. Un pamphlet publié l'année suivante sous ce titre : « Lettre de M. Viller à la comtesse F..., de Lubeck », attribuait à l'armée française, dans cette circonstance, des excès imaginaires. Il aurait été plus vraisemblable de mettre un semblable récit sur le compte de la dame de Lubeck, car les habitants et habitantes de cette ville avaient été fort maltraités, de toutes les manières, lors de la catastrophe de Blücher.

Le facteur de la poste d'Iéna racontait avec un certain orgueil, qu'il avait eu l'honneur de passer la soirée du 13 octobre et la nuit suivante au bivouac impérial sur le Landgrafenberg, et que l'Empereur des Français avait daigné lui demander de nombreux renseignements sur la topographie du pays. Cet homme disait que Napoléon « avait l'air parfaitement tranquille, et sûr de son affaire. »

IV

Le village d'Auerstœdt pendant la bataille. — Reddition
d'Erfurt ; récit d'un témoin oculaire. — La capitulation de Prenzlau, d'après les documents prussiens. —
Malversations, désordre dans l'intendance et dans les
fournitures.

Les Prussiens n'ont compris que très-tard
le mérite de Davoust dans la bataille d'Auerstœdt, qu'ils s'obstinaient à nommer combat
d'Hassenhausen. Ils croyaient que le nombre
des combattants avait été à peu près égal de part
et d'autre, tandis que les Français étaient à
peine un contre deux. C'étaient, il est vrai, des
soldats de premier ordre, dignement commandés, bien postés, secondés par toutes les
circonstances (1). Parmi celles qui exercèrent

1. Suivant les détracteurs irréconciliables de Napoléon,
il aurait tout fait pour dissimuler ou amoindrir dans cette
occasion, la gloire de son lieutenant. Dans le célèbre bulletin qui annonçait et racontait à l'Europe la défaite totale
des Prussiens, Napoléon dit textuellement : « *à notre
droite, le maréchal Davoust faisait des prodiges.* » On
sait que Davoust reçut plus tard le titre de duc d'Auerstœdt,
qu'il échangea en 1809 contre celui de prince d'Eckmühl.

la plus grande influence sur l'événement, il faut citer le coup de feu qui, dès le début de l'action, enleva au généralissime Brunswick l'usage des yeux (il était déjà bien assez aveugle sans cela, dirent cruellement ses détracteurs) ; et les blessures mortelles que reçurent bientôt après le feld-maréchal Mollendorf et le général Schmettau. Très-insuffisamment nourris, plus lourdement équipés et chaussés plus à l'étroit que leurs adversaires, fatigués depuis huit jours par des marches et contre-marches incessantes qui trahissaient l'incertitude des chefs, les soldats arrivaient à demi vaincus d'avance. Cette dernière étape depuis Weimar les avait achevés ; suivant le témoignage de l'unique hôtelier d'Auerstœdt, on les voyait tomber comme des mouches en entrant dans ce village. Les jeunes officiers surtout, naguère si pimpants, si fanfarons à Berlin, étaient dans un état pitoyable. Il avait fallu les déshabiller, les porter, les *border* dans leurs lits...

Pendant la bataille, ce village, exposé aux feux plongeants des troupes françaises, avait été abandonné par ses habitants. Bientôt, des coteaux boisés où ils avaient cherché un asile, ils virent leur pays en feu. L'hôtelier, homme résolu, dit aux autres : « Enfants, vous voyez ce qui se passe. Il faut retourner, tâcher de sauver au moins quelque chose; après tout, les ennemis sont des hommes. » Tous redescendirent au pas de course. Plusieurs détachements français qu'ils rencontrèrent voulurent d'abord les arrêter. Mais l'hôtelier, interprète de la troupe, n'avait pas plutôt dit : « Nous sommes les malheureux habitants de ce village qui brûle làbas », que nos soldats émus s'empressaient de leur livrer passage... Nous voudrions que l'histoire finît là, mais il faut bien ajouter que tout près de leur village ils tombèrent sur des voltigeurs peu délicats, qui les détroussèrent sans pitié et agirent fort brutalement avec les femmes.

De toutes les villes des environs, celle d'Erfurt était à bon droit l'une des plus anxieuses. Le 13, on ne savait rien encore, sinon que le commandant de la citadelle avait reçu l'ordre de se défendre jusqu'à la dernière extrémité. Les bourgeois avaient peur et ne s'en cachaient pas. « On les voyait errer çà et là par la ville, silencieux, la tête basse, ayant l'air de chercher par terre quelque chose. Quoi ? ils n'auraient su le dire. » La journée du lendemain fut plus pénible encore. Le canon grondait sans relâche du côté d'Iéna ; « sur tous les visages on lisait cette question : qu'allons-nous devenir ? » Le bruit courut d'abord que les Prussiens avaient le dessus ; puis que le succès était balancé. Mais déjà de longues files de fourgons traversaient la ville, se dirigeant vers Gotha. Dans l'après-midi, l'allure de ce défilé devint plus précipitée ; on vit apparaître des soldats de toutes armes, marchant pêle-mêle ; bientôt Erfurt en fut encombré. Les rumeurs les plus terribles circulaient ; on disait notamment que l'armée vaincue allait livrer une nouvelle bataille entre Erfurt et Weimar, et l'on croyait voir déjà ces deux villes en flammes. La chaussée de Gotha était encombrée de voitures et de piétons fugitifs.

L'avant-garde française parut le lendemain, et l'on vit commencer cette série de capitulations dont gémit si fort la Prusse. Celle d'Erfurt fut une des plus excusables, du moins en ce qui concernait la garnison spéciale. Les fortifications étaient en mauvais état, la poudre imparfaitement abritée. Il y en avait 25,000 quintaux dans une ancienne chapelle fort exposée ; pour faire sauter la citadelle et une grande partie de la ville, il eût suffi d'une bombe bien dirigée. Aussi les habitants respirèrent plus librement quand ils surent que la capitulation était conclue. Ce qu'il y eut de vraiment déplorable pour les Prussiens, ce fut la capture des neuf à dix mille soldats réfugiés dans la place. Le duc de Weimar s'était pourtant avancé avec son corps, aussi près que possible ; à plusieurs reprises, il fit annoncer que tous ceux qui ne voudraient pas être englobés dans la capitulation n'avaient qu'à venir le rejoindre. Il faillit même se trouver sérieusement compromis pour les avoir trop attendus. Ses instances furent vaines ; chaque fois on répondit que les hommes étaient mourants de fatigue, ne sauraient faire un pas de plus... « On ne réfléchissait pas, dit ironiquement le narrateur, contemporain et témoin oculaire, que, pour être prisonniers de guerre, les hommes n'en seraient pas moins forcés de partir sur-le-champ, et qu'on n'aurait pas sûrement l'attention de les voiturer comme des objets de prix. »

Il faut dire à la décharge des habitants d'Erfurt trop satisfaits de cette solution, qu'ils n'étaient Prussiens que depuis bien peu d'années (1802). Tous néanmoins ne pensaient pas de même. L'auteur de la petite relation que nous venons de citer s'empressa de sortir d'Erfurt avant l'occupation et de gagner Arnstadt : « ville heureuse, dit-il, qui n'a pas vu d'ennemis (1). »

Nous ne suivrons pas les débris de l'armée prussienne dans cette voie douloureuse qui aboutit à la capitulation de Prenzlau. Les détails de cette fuite haletante, désespérée, son dénouement, rappellent d'une manière frappante l'un des plus dramatiques épisodes des anciennes guerres, la destruction de l'armée athénienne en Sicile. M. Thiers n'a guère fait ici que copier, en l'abrégeant, le récit de Massenbach. Il a même, par inadvertance, transposé ou négligé plusieurs détails importants que nous allons rappeler. A l'arrivée du premier parlementaire français, le capitaine Hugues, qui, par suite d'un malentendu, avait été traité d'abord en prisonnier, le prince de Hohenlohe s'écria « qu'il faisait depuis trop longtemps la guerre aux Français pour se laisser prendre à leurs fanfaronnades. » Ce ne fut pas avant, mais après le

1. La ville et le territoire de Weimar, un moment fort compromis, durent leur salut à la généreuse intervention de Lannes. Ce fait nous est attesté par Goethe, témoin irrécusable.

départ de ce capitaine Hugues, et quand la majeure partie des troupes d'Hohenlohe avait dépassé Prenzlau, qu'une charge vigoureuse rejeta les quelques cavaliers qui restaient aux Prussiens sur leur arrière-garde déjà en partie engagée dans cette petite ville. Un régiment entier y fut culbuté et pris ; les grenadiers du prince Auguste de Prusse (frère de Louis-Ferdinand), qui étaient encore en arrière de Prenzlau, se formèrent en carré et repoussèrent bravement plusieurs attaques. Mais, acculés dans un marais et cernés bientôt par des forces supérieures, ils durent aussi céder au destin. Pendant ce temps, Hohenlohe, qui avait failli lui même être enlevé, rejoignait en avant le reste de ses troupes, et rejetait une nouvelle sommation de capituler. Mais, peu d'instants après, son chef d'état-major, qu'il avait envoyé de son côté en parlémentaire, lui rapporta des nouvelles qui firent chanceler sa résolution. Ce chef d'état-major n'avait pas vu l'infanterie de Lannes, comme le dit par erreur M. Thiers, mais seulement une vingtaine de pièces d'artillerie de campagne et une nombreuse cavalerie. Mais la situation n'en était pas moins désespérée. Il avait causé un moment avec Murat, qui menaçait de tout sabrer. Les Prussiens étaient encore à sept lieues de Stettin ; harcelés comme désormais ils allaient l'être, il leur aurait fallu au moins deux jours pour atteindre cette place, en admettant qu'ils n'eussent affaire qu'à de la cavalerie, et les coureurs de Lannes arrivaient déjà en vue de Prenzlau. Pour les Prussiens, il n'y avait plus à espérer ni vivres, ni fourrages, ni repos. Or, il ne faut pas oublier que ces troupes venaient de marcher trente-deux heures sans relâche et presque à jeun, car les derniers approvisionnements préparés pour elles à Boitzenburg avaient été consommés ou détruits par les éclaireurs de Murat. Massenbach prétend aussi qu'il ne restait pas, en moyenne, plus de trente cartouches par homme., que l'artillerie n'avait plus que cinq coups à tirer. Enfin, depuis deux jours, les communications étaient interceptées avec Blücher, qui avait refusé de suivre les mouvements du corps principal. Or, tous les débris de la cavalerie étaient avec ce général ; il ne restait au commandant en chef qu'une cinquantaine de chevaux pour éclairer sa marche. On arrivait enfin à l'une de ces crises extrêmes, où toutes les fatalités semblent conjurées pour abattre les plus fiers courages. Le général Belliard parut. Ses propositions furent encore repoussées ; il s'éloignait, quand on vint annoncer que Murat lui-même se présentait pour conférer avec le prince d'Hohenlohe. On sait le reste (1).

La capitulation avec désarmement en rase campagne est-elle jamais permise ? C'est là une terrible question, qui disjoint et met violemment aux prises deux mobiles sacrés, l'humanité et l'honneur national. Nous ne prendrons pas sur nous de la résoudre ici, mais nous rappellerons que, deux ans plus tard, il eût mieux valu, dans

1. C'était à partir du 25 octobre que Blücher, resté définitivement en arrière, avait pris une autre direction, qui le conduisit à un dénouement encore plus désastreux. Le matin de ce jour, il avait reçu du prince l'ordre de marcher toute la journée et la nuit suivante pour rejoindre. Blucher répondit «qu'il redoutait moins l'ennemi qu'une marche de nuit, pendant laquelle la désertion augmenterait dans une proportion effroyable. » De 1806 à 1813, plusieurs écrivains prussiens ont reproché amèrement à Blücher de s'être refusé à ce mouvement qui, suivant eux, aurait évité les catastrophes de Prenzlau et de Lubeck. Ses apologistes soutiennent que l'unique résultat de cette jonction aurait été d'avoir les deux catastrophes en une seule. Du moins elle eût été purement militaire, et n'aurait pas atteint la population civile de Lübeck, ville non prussienne alors et neutre, que Blücher entraîna dans son malheur.

l'intérêt de la France, que le général Dupont fît tuer tous ses soldats jusqu'au dernier à Baylen. Dans de semblables circonstances, l'extrême témérité confine à l'héroïsme ; les plus vaillants préfèrent la perspective d'une mort inévitable, à celle d'une existence dont la honte rejaillira sur la patrie. A Baylen, un simple chef de bataillon, nommé Plique, repoussa la capitulation, escalada des cimes réputées inaccessibles, y laissa la moitié de son monde, mais sauva le reste de la mort et du déshonneur. A Prenzlau, quelques officiers prussiens avaient tenté vainement de provoquer un de ces coups désespérés d'audace qui, au fort de l'adversité, honorent et consolent un peuple. Leurs efforts échouèrent, dit-on, par suite d'impossibilité physique ; harassés, affamés, les soldats n'avaient plus la force de se soutenir.

L'opinion se déchaîna contre le chef d'état-major signataire de la capitulation. On l'accusa d'incapacité, de trahison ; ce dernier reproche était calomnieux, tout comme ceux du même genre qu'on n'a pas craint d'adresser de nos jours, dans des circonstances malheureusement assez semblables, à quelques généraux français. Massenbach trouva cependant quelques défenseurs. Dans une biographie qui parut en 1808, et dont on le soupçonne d'être l'auteur, on le compare modestement à Caton d'Utique...; jusqu'au suicide exclusivement.

Le désordre qui régnait dans l'intendance prussienne ne fut rien moins qu'étranger aux désastres. On trouve sur ce sujet, dans plusieurs recueils du temps, des détails parfaitement inconnus jusqu'ici en France, et qui pourraient aujourd'hui fournir matière à des comparaisons tristement curieuses. On y fait plus intime connaissance avec un personnage que nous avons déjà rencontré, l'intendant général Guionneau, esprit étroit, méticuleux, aussi nul que suffisant. Quand ses écritures étaient balancées, l'armée était censée repue ; rien n'avait plus le droit de manquer. « Cet homme voulait quotidiennement renouveler le miracle des cinq pains de l'Évangile, avec cette différence qu'il renvoyait tout le monde affamé. »

L'organisation de cette intendance remontait à l'époque de la campagne projetée en 1805. On y voyait figurer, sous la direction supérieure de personnes honorables, dit-on, mais peu clair-voyantes et peu d'accord entre elles, des gens dont les services remontaient aux guerres de la fin.

du siècle précédent, dans lesquelles ils avaient fait preuve d'une intelligence profonde... de leurs intérêts particuliers. Pendant les premiers mois de 1806, il y avait eu déjà, dans plusieurs branches du service, de graves malversations, dont la découverte ou le soupçon avaient même occasionné plusieurs suicides. Un commissaire supérieur, accusé d'avoir délivré à des cultivateurs, moyennant finance, de faux certificats de charrois, était en prison lors de l'arrivée des Français. La plupart des fournisseurs étaient Juifs, et ne mentaient pas à leur origine. Les moyens de fraude variaient ; ainsi, à Leipzig, à Halle, il y eut un tel excédant dans les livraisons de pain, qu'on en revendit une grande quantité à vil prix. Par contre, à Iéna, les quantités fournies restèrent fort au-dessous des besoins. Il arriva plusieurs fois que les régiments reçurent leur viande *sur pied* avant l'heure des repas. Aussi le maraudage était à l'ordre du jour.

Le commissariat de l'armée du duc de Brunswick avait passé avec une maison Krelinger et compagnie un effrayant marché, dans lequel la plupart des articles étaient cotés à quarante ou cinquante pour cent au-dessus des prix courants. Il y avait entre autres trente mille quarts d'eau-de-vie, payés sur le pied de 16 groschen le quart en numéraire, alors que tous les distillateurs du pays auraient fait cette fourniture pour la moitié de ce prix. Ce marché, ratifié avec une précipitation singulière par l'intendant général, fut sévèrement critiqué, suivant l'usage, quand le mal fut sans remède.

On parlait aussi de négligences fatales dans l'organisation des transports. Pour n'en citer qu'un exemple, à l'ouverture de la campagne il avait à Merseburg un immense encombrement de denrées destinées aux troupes. Le transit s'en trouvait arrêté, parce que l'administration prussienne avait négligé de se mettre en règle avec la douane saxonne. Les vivres auraient fait complétement défaut à une partie de l'armée, sans le zèle d'un employé supérieur nommé Carew, qui courut à Merseburg, et obtint de haute lutte le passage immédiat des voitures, en rédigeant d'urgence les paperasses qu'on exigeait des voituriers, et qui, régulièrement, auraient dû passer par une filière interminable.

« Avant qu'un seul coup de fusil ne fût tiré, dit un contemporain, l'armée prussienne était déjà aux prises avec un ennemi redoutable, et singulièrement redouté en Allemagne, la faim. »

Nous avons vu depuis les mêmes causes amener des résultats semblables, mais ailleurs qu'en Allemagne, hélas !

V

Il faut le reconnaître, aucune nation n'a profité plus vite que celle-là à l'école du malheur. L'épreuve de 1806 réveilla brutalement ces populations « assoupies sur les lauriers du grand Frédéric ». Cette secousse fut ravivée, prolongée après Tilsit par les excitations incessantes de la presse, par une foule de publications dont les titres (*Tisons, Rayons de lumière*, etc.) indiquent clairement l'esprit. C'est à l'un de ces recueils que nous allons emprunter quelques scènes recueillies d'après nature à Berlin, en octobre et novembre 1806.

La première va nous montrer quel coup ont porté aux préjugés nobiliaires les événements qui viennent de s'accomplir.

Deux jeunes gens s'abordent sur la promenade des Tilleuls (*Unter den Linden*). A leur taille encore sanglée sous l'habit bourgeois, on devine deux de ces guerriers « au vin de champagne » si fanfarons avant la guerre, si fiers de la lumineuse particule *von* (de) qui précède leurs noms. Ils appartiennent à la race de ces officiers de parade qui, suivant l'expression de Jean-Jacques, passaient leur vie à attendre le midi et le soir. De quel champ de bataille ceux-ci ont-ils pris leur volée ? Peut-être de celui d'Auerstædt, où l'on prétendait que l'aspect de nos sapeurs avait suffi pour faire *replier* de ces fils de famille qui, à leur barbe, les avaient pris pour des créanciers juifs (1). Écoutons l'entretien :

« Camarade, comprends-tu comment il se fait que nous soyons ici ? Pour moi, sur l'honneur, je m'y perds.

— C'est la faute de ce duc (Brunswick) ! Si seulement Mollendorf avait commandé...

— Parbleu ! c'est la maîtresse du duc qui nous a trahis !

____

1. Pour comprendre le sel de cette plaisanterie germanique, il faut savoir qu'en 1806 les Juifs étaient obligés de porter toute leur barbe, en vertu d'un édit de 1727, encore en vigueur.

— Regarde un peu, voilà un de leurs bataillons qui défile. Sont-ce là des soldats, avec leurs souquenilles grises, pas de cordon au chapeau, pas d'aiguillettes !!!...

— C'est vrai. Parole d'honneur, nos troisièmes bataillons sont mieux ficelés.

— Et vois ces officiers. Quel accoutrement ! quel sans-gêne !...

— Tu sais bien ce que c'est ; tous fils de tailleurs et de savetiers. Figure-toi que l'autre jour un cordonnier d'ici livrait une paire de souliers à un de leurs capitaines. Celui-ci critiqua l'article en connaisseur, et ajouta : « Que cela ne vous étonne pas, mon ami, j'ai été dans la partie. »

— Ah ! ah ! parfait ! j'écrirai cela à ma tante. Adieu ! »

A ces deux freluquets succèdent un cuirassier et un dragon gesticulant avec animation.

« C'est la s..... infanterie qui a tout perdu. Nous aurions haché ces Français comme chair à pâté.

— Tu as bien raison, camarade. Ils ne savent pas seulement se tenir à cheval. Mais notre infanterie s'en est allée au diable, et le canon a effarouché nos chevaux. » (*Ils passent.*)

Voici maintenant la contre-partie. Arrivent bras dessus bras dessous un canonnier et un grenadier.

« Tonnerre ! comme nous aurions arrangé là-bas ces co...quins-là, si l'infanterie avait mieux tenu...

— Pas de bêtises, camarade ! Le diable m'emporte si nous n'aurions pas tout culbuté à la baïonnette. C'est la cavalerie qui est cause de tout... »

L'une des scènes les plus curieuses est celle qui porte pour titre : *l'Estafette anticipée*. Elle nous reporte à quelques semaines en arrière, au 6 octobre, pendant cette sombre période d'incertitude déjà décrite plus haut. Nous sommes dans le bureau d'un banquier juif, en conférence intime avec son commis. L'instinct de l'homme de proie est en éveil, et le rend plus clairvoyant qu'Hohenlohe et Brunswick. Ses petits yeux gris flamboient ; il se sent sur la bonne piste, il flaire la catastrophe, plus fructueuse pour lui que ne serait la victoire.

« Votre parole que personne au monde ne saura rien de ce que je vais vous dire !... Oh ! que j'ai donc bien fait de ne pas soumissionner cette fourniture ! La tentation était forte ; deux ou trois fois j'ai approché la plume du papier ; toujours une voix intérieure me disait : ne signe pas !... Écoutez, mais surtout bouche close ! Hélas ! quel homme que ce Napoléon ! vous connaissez X..., mon correspondant de Naumburg. J'étais convenu avec lui qu'il m'enverrait une lettre par exprès s'il y avait du nouveau. Il ne faut pas regarder à cinquante thalers pour en sauver mille. Eh bien ! regardez, la voilà, sa lettre. L'exprès n'est pas entré en ville, c'était entendu. Il s'est arrêté tout près d'ici, à..... ; et m'a envoyé la lettre par un commissionnaire. Or, savez-vous ce qu'on me demande ? c'est bref, mais substantiel ; *les Français sont à Naumburg.* A présent, regardez la carte, comprenez-vous ? ce ne sont pas trois hommes, ni dix, ni cent, qui ont fait une pareille pointe. Et le Roi, où est-il ? Tout le monde l'ignore ici. Aux dernières nouvelles, il était à Weimar. Maintenant, mesurez sur la carte, voyez laquelle de ces deux villes, Weimar et Naumburg, est plus près de Berlin. Naumburg, n'est ce pas? Eh bien, j'en conclus qu'il y a déjà une bataille de perdue, ou qu'on est en train de la perdre.

— Mais, dit l'autre, n'est-il pas possible que le Roi la gagne, cette bataille ?

« — Hum ! combien avons-nous en caisse présentement, en billets de la Banque ?

— Soixante-douze mille thalers.

— Courez à la Banque avec tous ces chiffons, et rapportez de bon argent. Si on vous demande ce que nous voulons faire de tant d'espèces, ne dites rien ; dites que j'ai repris une fourniture. Mais ce n'est pas tout. Nous avons aussi des obligations maritimes (*Seehandlungs obligationen*) ?

— Oui, pour vingt mille thalers.

— Passez chez X… et X… Ils les prendront au cours.

— Nous aurons de la perte.

— Nous nous rattraperons sur autre chose. »

Ici paraît un Juif de catégorie inférieure, cousin du grand Juif ; il lui demande, dans l'affreux jargon mi-partie d'hébreu et de bas allemand, qui était, avant Moïse Mendelssohn, le langage habituel des Israélites allemands, s'il n'a pas appris de son côté quelque chose des Français, s'il sait la grande nouvelle.

« Quelle nouvelle ?

— Mais, la grande défaite des Français. Et vous n'avez pas eu de lettre, vous ?

— Qui ? moi ? non certainement ! Une lettre !

en voilà une idée, par exemple ! (*à part*) Il soupçonne quelque chose... (*haut*) Eh bien, qu'est-ce ?

— Murat tué avec dix mille hommes ; Soult pris avec dix mille autres, Napoléon cerné avec vingt mille ! Avant que la chose ne s'ébruite, tâchez donc d'avoir la fourniture dont je vous avais parlé.

— Quel bonheur ! et de qui tenez-vous ces nouvelles ?

— X... a reçu une lettre de Leipzig.

— Bravo ! plus de doute alors. Allez bien vite prévenir N... ; avertissez tous nos amis ; si j'ai la fourniture, vous aurez votre commission.

— Bon ! (Le petit Juif sort précipitamment.)

Le grand Juif, au commis. Hum ! je n'en crois pas un mot ! Revoyons la carte. Ce qu'on prétend savoir à Leipzig, on l'aurait su auparavant à Naumburg. C'est une nouvelle fabriquée par des spéculateurs. Faites de point en point ce que je vous ai dit ; mais demandez partout en même temps si l'on a entendu parler de la grandissime victoire. Il faut que ce bruit s'accrédite ; comme cela la Banque paiera haut la main, et j'ai la

chance de ne rien perdre sur mes obligations.

— Mais, si vous vous trompez ?

— Je n'aurai que la peine de reporter mon
argent. J'en serai quitte pour perdre peut-être
un pour cent sur mes obligations ! Mon deuil en
est fait.

— Fort bien, car on ne peut pas savoir...

— N'est-ce pas, qu'on ne peut pas savoir ?
Et si les Français arrivent ici ? Alors la Banque
s'esquive ; les obligations dégringolent, les poltrons se sauvent... Les gens intelligents restent ;
les meilleures affaires se font dans cés bagarres-
là ! »

On reconnaît bien ici le spéculateur de tous
les temps. Combien de chrétiens sont juifs
en ce point, dans les grandes calamités publiques !

Nous assistons ensuite à une rencontre entre
deux bourgeois et un noble de province, réfugié
à Berlin pendant la guerre. Il y a là des détails
satiriques assez piquants, surtout dans le récit
des aventures de ce « comte Wind », hobereau
égoïste et poltron. On s'est battu autour de son
château sans lui laisser le temps de se sauver !
Retranché dans sa cave, derrière une tonne

dont la majestueuse ampleur le dissimulait aux regards, il a eu le chagrin de voir gaspiller indignement sa belle collection de vins. Les fourrageurs ennemis ont violé outrageusement la neutralité de cet asile, où le champagne et le bourgogne fraternisaient avec le marcobrunner et le johannisberg. Le château a été mis sans dessus dessous ; lustres, trumeaux, meubles de marqueterie et de *mahagoni* (acajou, haute nouveauté à cette époque), tout a été dévasté. Pas de carnaval à Berlin ; pas de saison d'eau l'été suivant ! Telles sont les préoccupations de ce bon citoyen, au moment où la Prusse presque entière est au pouvoir des Français.

Le tableau suivant, également tracé d'après nature, nous initie aux souffrances de la famille d'un employé civil pendant l'occupation. « Qu'allons-nous devenir, dit la femme éplorée, avec ces officiers que nous avons à nourrir, et tes appointements qui nous font défaut ? Tout notre pauvre mobilier y a déjà passé...

— Du calme, ma chère, les larmes et les doléances n'y feront rien.

— Cela t'est bien aisé à dire, mais toute la charge retombe sur moi. Hier je ne t'ai rien dit pour ne pas t'affliger, mais j'ai couru toute la journée chez des amis. Je n'ai rien pu obtenir ; dans ce moment-ci, chacun ne pense qu'à soi. Et voici bientôt midi ! nos officiers vont arriver pour déjeûner, et le feu n'est pas seulement allumé. Il ne me reste pas un kreutzer. Mon Dieu ! mon Dieu ! que faire?

— Allons, un peu de courage ! Il y a encore plus à plaindre que nous. Songe à ce qui se passe dans les endroits où l'on se bat, à ces paysans qui nous demandaient la charité l'autre jour. Ceux-là avaient eu leurs maisons sacca-gées, incendiées ; ils avaient dû fuir pour échap-per à la mort. Notre demeure est intacte, du moins ; nous ne courons aucun risque...

— Excepté celui de mourir de faim. »

Entre la fille, rapportant des hardes dont elle a essayé en vain de tirer parti. Elle a vu deux fripiers ; l'un n'avait pas d'argent, l'autre n'a voulu de ces effets à aucun prix, pouvant avoir bien mieux que cela pour un morceau de pain.

Le fils de la maison, qui rentre à son tour, n'a pas été beaucoup plus heureux. Le brocan-teur juif, et des plus juifs, auquel il a pré-senté une montre d'or qui a coûté quarante tha-lers, ne consent à prêter sur ce gage que trois thalers, seulement pour huit jours, et il faudra rendre un thaler en plus, pour la commission et les intérêts ! Si l'on préfère vendre, cet honnête homme offre sept thalers en papier, sur lequel il y aura encore quelque petite chose à perdre. L'usurier de tout à l'heure (c'est peut-être le même) avait raison ; dans de semblables moments il y a de bons coups à faire !

« Non ! non ! s'écrie le père. L'or seul vaut davantage. Garde ta montre, mon enfant, nous trouverons bien un autre moyen...

— Mais lequel ? lequel ?

Entre la servante. « Ces messieurs les officiers sont là ; ils demandent pour déjeûner des viandes froides et du vin. Ils m'envoient aussi vous dire que ce soir ils amèneront deux amis. »

C'est le coup de grâce. Le fils court reporter la montre, et le père lui crie : « Vends-la plutôt ! nous ne pourrions pas la dégager... »

Est-ce notre faute, si ces drames domestiques excitent aujourd'hui en nous un tout autre sentiment que la pitié ? Les Prussiens nous ont rendu avec usure les souffrances que leur avait attirées la politique de leur gouvernement, tour à tour pusillanime et téméraire à l'excès. J'ai vu, pendant l'invasion de 1870, une lettre écrite à un officier allemand, par son aïeul, vieillard octo-génaire. A chaque ligne il répétait : « Mets le feu partout ! *(anzünde !)* » Et pourtant il s'en faut que la dévastation ait été alors aussi générale qu'ils veulent bien le dire. Dans ces écrits du temps, la plupart très-hostiles à la France, je rencontre à chaque page des traits de géné-rosité.

Cette fois, la revanche sera terrible, et ce se-ront eux qui l'auront voulu !

VI

Nous avons décrit précédemment l'aspect de Berlin sous la première impression du désastre. Nous empruntons à une autre relation le tableau de la première apparition des troupes françaises, et de l'entrée de Napoléon dans cette capitale. On va voir qu'elle se résignait alors de meilleure grâce à l'occupation étrangère, que ne l'a fait Paris en 1871.

« Depuis qu'il n'y avait plus à douter de notre malheur, les paysans fugitifs ne cessaient d'af— fluer en ville, tandis que les gens riches émi— graient avec tout ce qu'ils pouvaient emporter. C'était pitié de voir tous les chevaux de Berlin employés à charrier de vieux meubles, de vieilles femmes peureuses qui auraient pu rester chez elles sans courir aucune espèce de danger, tandis qu'une bonne partie du matériel de l'arsenal demeurait à la merci du vainqueur. On oublia aussi les trophées de la guerre de Sept-Ans, — l'épée même de Frédéric !... Dans les cartons d'un ministère dont le chef avait été des premiers à fuir, les Français trouvèrent la collection complète des meilleures cartes du royaume, les plans de toutes les forteresses. Au milieu de ce sauve-qui-peut général, on n'avait aucun souci de ce qui n'était qu'à l'État.

« Le 23 au soir, tout ce tumulte d'immigration et d'émigration finit brusquement ; on eût dit un de ces calmes sinistres, précurseurs des grandes tempêtes.

« Le lendemain, jour tristement mémorable dans les annales de notre ville, je venais d'entrer le matin dans une taverne de la Friederichsstrass, tout près de la promenade des Tilleuls. Tout-à-coup on entendit du bruit ; un individu effaré entra brusquement en criant : « Ils sont arrivés ! — Où donc ? — A la porte de Brandebourg. » Je fis comme tout le monde, j'y courus.

« A l'aspect d'uniformes verts, on avait crié d'abord : « Ce sont des Russes ! » les prenant pour l'avant-garde de quelque corps allié, débarqué à Stettin. Mais c'étaient bien des Français, de l'artillerie légère et de la cavalerie, qui se dirigeaient par la promenade vers l'Hôtel-de-Ville, à travers un concours immense de peuple. En retournant chez moi, je rencontrai le 9e hussards qui arrivait de son côté, musique en tête, par la porte de Postdam. Dans l'après-midi, il entra encore trois régiments de chasseurs ; et en même temps le corps de Davoust arrivait en masse à la porte de Halle, et y faisait ses dispositions pour camper en plein air. La curiosité, plus forte que la crainte, porta la foule de ce côté, et il n'en résulta aucun inconvénient, sinon quelques baisers pour les jolies curieuses. En voyant de plus près ces terribles vainqueurs, on respira plus librement. Les poltrons, suivant l'usage, étaient les premiers à railler la frayeur passée...

« La situation, pourtant, n'avait rien de folâtre, même en n'envisageant que le côté matériel des choses. Le numéraire était d'une rareté extrême, les marchés singulièrement dégarnis, grâce à la panique des gens de la campagne. Nous étions sûrs d'avoir une rude charge de logements militaires... Mais le mal présent, nettement défini, est un moindre tourment que l'incertitude.

« Le général Hullin, nommé commandant de la place, entra en fonctions le même jour. Par son équité et sa bienveillance, il s'est concilié l'estime générale.

« Le 25 octobre, le maréchal Davoust entra dans Berlin à la tête de son corps d'armée. Les magistrats et une députation de la bourgeoisie l'attendaient à la porte de Postdam et lui firent une harangue, à laquelle il répondit avec courtoisie, les exhortant à se conduire convenablement avec les Français, sans manquer à leurs devoirs de sujets prussiens. Il donna l'excellent conseil de former une véritable garde, composée exclusivement de nobles et de propriétaires, pour concourir au maintien de l'ordre. Elle remplaça la prétendue milice bourgeoise qui existait alors, et dans laquelle figuraient quantité d'hommes de la lie du peuple, que les gens aisés payaient pour faire le service à leur place. La plupart de ces suppléants venaient en habits de travail ; aussi l'aspect général de la troupe n'était rien moins qu'imposant (1).

1. L'organisation de cette première milice bourgeoise avait donné lieu à des plaisanteries plus ou moins

Pendant trois jours consécutifs, les troupes françaises défilèrent dans Berlin. L'entrée de Napoléon, plusieurs fois annoncée, eut enfin lieu le 27, à quatre heures de l'après-midi. Un sentiment indéfinissable, mélange de douleur, d'admiration, de curiosité, agitait la foule qui se pressait sur son passage.

« Je le vis de tout près, ce successeur de notre grand Frédéric... Il me parut avoir pris quelqu'embonpoint depuis ses derniers portraits... Le teint est olivâtre, l'ensemble des traits harmonieux, saisissant. Il faut être doué d'une rare énergie, pour ne pas courber la tête sous ce regard !... Sa physionomie, sérieuse jusqu'à l'austérité, s'illumine parfois d'un sourire étrange, je dirais volontier fulgurant, car la sensation qu'il produit est analogue à celle de l'éclair. Je ne le vis sourire ainsi qu'une fois, quand ses yeux s'arrêtèrent sur un groupe de Berlinois qui, « dans l'intérêt de la ville» , mêlaient leurs acclamations à celles des soldats français...

spirituelles, qui furent réunies dans un petit poëme satyrique intitulé la *Berlinade*. On y voit figurer notamment un charretier promu au grade d'officier. Entraîné par la force de l'habitude, il crie *hue!* à ses hommes pour les mettre en mouvement.

Il fut reçu à la porte de Brandebourg par les quelques fonctionnaires qui n'avaient pas quitté leur poste, les autorités de la ville, des députés de la haute bourgeoisie, etc. Il les retrouva sur son passage en entrant au Château. Pour tout compliment, il leur adressa un léger salut, et gagna aussitôt son appartement. Il leur avait parlé quelques jours auparavant, quand ils étaient venus le trouver à Sans-Souci. Il paraissait fort au courant, — trop au courant, — des manifestations qui avaient eu lieu lors de la rupture. »

« Il s'était trouvé des gens pour applaudir à l'entrée du vainqueur; il s'en trouva aussi le soir pour illuminer ! Ces illuminations, trop brillantes aux abords du Château, étaient du moins assez rares dans les autres quartiers. Une grande partie de la garde impériale passa la nuit en plein air dans le *Lustgarten*, où les feux de bivacs produisaient un effet singulièrement pittoresque...

« Le lendemain, on présenta au *noble étranger* les principaux membres des tribunaux, ceux du consistoire. Il s'entretint quelque temps avec des magistrats, principalement avec l'un des plus capables, M. de Kircheisen. Il lui demanda quelques renseignements sur la législation prussienne. Apprenant qu'il y avait chez nous trois degrés de juridictions, il dit que cela était trop *canonique*, devait occasionner bien des lenteurs. Il s'informa aussi de notre législation hypothécaire, demanda comment les biens dotaux des femmes étaient garantis, comment s'exerçait le droit de grâce, etc. Il causa aussi quelques heures avec les ministres du culte, et leur promit sa protection. Les circonstances l'ont empêché de tenir complétement parole, car plusieurs temples ont été convertis en casernes et même en écuries. »

L'auteur de cette relation, imprimée dès 1807, s'étend longuement sur l'épisode du prince de Hatzfeld, et sur l'impression favorable que produisit à Berlin la clémence de Napoléon (voyez ci-dessus). On fut également touché de sa générosité envers le prince Auguste de Prusse. L'Empereur lui avait permis de revenir à Berlin, sur sa simple parole de s'abstenir de toute correspondance hostile à la France. Plus tard, il est vrai, quelques propos indiscrets de ce jeune prince sur les événements de la campagne mécontentèrent vivement Napoléon. Il trouvait que le prince Auguste n'avait pas des antécédents militaires assez caractérisés pour se permettre des critiques acerbes contre ses supérieurs, comme s'il eût été sûr de mieux faire à leur place. « Tout ce qu'on sait de lui, écrivait Napoléon, c'est qu'il a été trouvé dans un marais (à Prenzlau). »

« Les jours suivants, on vit Napoléon dirigeant en personne les manœuvres de sa garde, passant l'inspection des troupes qui traversaient la ville. Pendant ces revues, les messages heureux pour ses armes se succédaient sans relâche ; capitulations de Prenslau, d'Anklam, redditions de Magdebourg, de Stettin, de Custrin. On assurait parmi le peuple que Napoléon avait dit : je ne sais plus si je dois être joyeux ou honteux de si faciles succès ! (1) »

Napoléon sortait presque tous les jours sans escorte ; il montait d'habitude un cheval blanc. Il sut trouver le temps de s'occuper de l'administration de la ville, et les dispositions qu'il prit étaient merveilleusement appropriées aux circonstances. Il fit installer une nouvelle municipalité, presser l'organisation de la garde bourgeoise conseillée par Davoust. Pour la composer, on prit dans chacun des vingt quartiers de la ville soixante des habitants les plus fortunés, ce qui donna un total de douze cents hommes, char-

1. *Die Franzosen in Berlin*, V. B., n° 39.

gés de veiller au maintien de l'ordre, de concert avec la garnison et les employés de la police. Au début de la guerre, le roi de Prusse désirait établir quelque chose de semblable, mais il avait été aussitôt étourdi de réclamations. Il était impossible, disait-on, de contraindre des gens aisés à cet affreux sacrifice de quelques nuits. Mais, dès que Napoléon eût exprimé à sa manière le même vœu, la chose impossible se trouva tout-à-coup très-facile. Cette variété peu rustique de garde nationale avait son utilité; néanmoins les bons patriotes étaient médiocrement flattés de la voir parader, à côté de nos troupes, dans ce *Lustgarden*, où Frédéric faisait jadis manœuvrer ses troupes d'élite. Ce fut pis encore après le départ de Napoléon, quand on vit, sur ce terrain consacré, succéder à la garde impériale les recrues de la Confédération du Rhin, et toujours l'imperturbable garde berlinoise, avec ses officiers reluisants comme des soleils.

« Tandis que je contemplais ce beau spectacle, dit un contemporain, une femme âgée qui était près de moi, et qui se rappelait sans doute avoir vu là « le vieux Fritz », dit à demi-voix : *Ah ! quels hommes !!* Napoléon connaît bien les

Berlinois ! Il leur a donné des uniformes, des épées, des plumets, etc.; cela les absorbe et leur fait oublier le reste. On voit de petits jeunes gens bien délicats, des Juifs mêmes, les hommes les moins belliqueux de la terre, se pavaner dans leurs uniformes neufs, passer sans se plaindre la nuit sous les armes, faire des patrouilles et crier : *Wer da ?* avec l'accent le plus martial. Dans tous les lieux publics, on ne parle plus qu'épaulettes et plumets. »

Cette appréciation ironique émane sans doute de quelque officier, prisonnier sur parole. Il faut savoir que la question des plumets était à l'ordre du jour, parce que les officiers de la nouvelle garde avaient trouvé bon d'adopter pour les leurs le noir et le blanc. Les militaires demandaient pourquoi ces bourgeois, pouvant disposer pour leur travestissement de toutes les couleurs de l'arc-en-ciel, s'avisaient d'accaparer celles de l'armée. Les bourgeois répondaient que ces couleurs étaient celles de la nation, que c'était à eux qu'on devait de les voir encore quelque part, puisqu'il n'y avait plus d'armée. L'argument laissait à désirer ; il était difficile de démêler une intention patriotique dans cette exhibition des couleurs nationales, à l'occasion d'un service de police municipale, fait par l'ordre et sous la direction des conquérants.

On reprochait aussi aux Berlinois leurs députations, leurs illuminations. Ils avaient, disait-on, donné un exemple funeste aux autres villes par cette soumission empressée, obséquieuse. Les Berlinois, de leur côté, soutenaient qu'ils n'avaient pu faire mieux ni autrement. Ceux dont le métier était de se battre les avaient laissés à la merci du vainqueur. La situation, la configuration même de la ville interdisaient toute tentative de résistance. L'envoi des députés, les illuminations, avaient eu lieu à la suite d'invitations équivalant à des ordres formels ; la moindre désobéissance, la moindre manifestation hostile auraient eu des suites terribles, etc. Ces raisonnements n'avaient rien d'héroïque, mais il était difficile d'y répondre. Ainsi le malheur commun, au lieu de concilier les esprits, devenait une nouvelle occasion de discordes intestines. Nous avons vu plus récemment les mêmes résultats se produire à la suite de faits semblables, mais ce n'était plus en Allemagne !

Au fort de ces démêlés, il y eut un jour, « unter den Linden », une scène publique tellement vive entre deux officiers, l'un militaire, l'autre bourgeois, que le commandant Hullin crut devoir intervenir. Ayant fait comparaître les deux adversaires et entendu leurs explications, il leur donna le conseil tout militaire de vider leur querelle sur le terrain. Celui qui appartenait à l'armée s'y refusa nettement, ne voulant pas, dit-il, se commettre avec un simple bourgeois, lui, noble de vieille souche ! Une pareille excuse devait naturellement sembler quelque peu étrange à un ancien vainqueur de la Bastille. « C'est aussi pour cela sans doute, lui dit Hullin en riant, qu'à Iéna, vous autres officiers nobles avez si lestement cédé la place à nous autres roturiers. Vous ne nous jugiez pas dignes de faire votre partie ! »

VII

Ces disputes entre militaires et bourgeois n'étaient pas un fait isolé, accidentel. Les gens sensés y reconnaissaient avec inquiétude le résultat d'une révolution sociale qui, après avoir eu sa part d'influence dans le désastre, contribuait à en aggraver les conséquences.

Le mouvement des esprits, fruit des *leçons du temps* (*Lehre der zeiten*, périphrase alors usitée en Allemagne pour éviter de nommer notre Révolution), creusait entre le civil et le militaire une démarcation de plus en plus profonde. Dans cette monarchie d'origine toute guerrière, le prestige de l'armée avait d'abord été nécessairement immense ; il s'était à peu près maintenu jusqu'à la mort du grand Frédéric. Mais à partir de cette époque, il avait été en s'amoindrissant toujours. La campagne infructueuse de 1792 en France lui avait surtout porté un coup terrible, tandis que, par une progression contraire, la bourgeoisie allait toujours croissant, sinon en moralité, du moins en instruction et en aisance (1). Par une étrange anomalie, la plupart des nouveaux officiers prussiens, encore vierges de lauriers, traitaient les bourgeois de leur temps, fort supérieurs sous certains rapports à ceux de l'âge précédent, plus mal que ceux-ci n'avaient jamais été traités par les compagnons de gloire du « vieux Fritz ».

Depuis longtemps de bons esprits s'efforçaient de réagir contre cette tendance. Un livre de philosophie militaire fort remarquable, le *Sophrone*, imprimé pour la première fois à Francfort en 1792, contient sur ce sujet des réflexions qui dès lors eussent paru banales en France, mais qui scandalisaient fort les orgueilleux officiers du duc de Brunswick. Entre autres choses on y

1. On trouvera, dans la suite de ce travail, des témoignages curieux de la dépravation des mœurs allemandes à cette époque, principalement dans les classes aisées.

lisait : « c'est à tort que plusieurs d'entre nous affectent de mépriser tout métier autre que celui des armes .. Un État ne saurait être composé exclusivement de soldats, non plus que d'artistes ou de poètes. Tout homme qui remplit bien les devoirs de sa profession, fût-ce un simple artisan, *fût-ce un maître d'école de village* (textuel), est un homme honorable. Il est ridicule de mépriser quelqu'un, uniquement parce qu'il ne porte pas de plumet, et il est odieux de lui laisser voir ce mépris. De semblables procédés compromettent l'uniforme... »

Le même auteur signalait avec beaucoup de force et de raison un autre abus non moins dangereux. Pour retenir la considération qui leur échappait, beaucoup d'officiers ne voyaient rien de mieux que d'exagérer la rigueur du service, la morgue vis-à-vis du soldat, d'infliger la *schlague* pour les moindres peccadilles. Cette sévérité outrée déplaisait fort à l'auteur du *Sophrone.* Un tel système menait droit, suivant lui, à un inconvénient des plus graves en temps de guerre, la désaffection du soldat. « Quand on en est réduit à la schlague pour faire marcher les hommes, disait-il, il n'y a plus guère à compter sur eux... Frédéric II aurait eu beau avoir encore plus de talent, il n'aurait pas fait de si grandes choses, s'il n'avait su se faire aimer du soldat. Le soldat n'est pas un automate, c'est un homme qui a, comme nous, le sentiment du juste et de l'injuste. Dans le drame de la bataille, comme dans la comédie (*Lustspiel*) de la parade, il est la base, l'élément essentiel... »

Ces maximes paraissaient alors tellement hardies, que l'auteur, officier distingué, crut devoir garder l'anonyme.

Depuis, la situation n'avait fait qu'empirer. A l'époque de la rupture avec la France, on en était venu franchement, entre soldats et bourgeois, d'un côté au mépris, de l'autre à la haine. « Pour trouver en Europe, dit un contemporain, un exemple d'antipathie aussi prononcée entre le civil et le militaire, il faudrait aller jusqu'à Constantinople... »

Cette disposition, dans la classe moyenne, se combinait avec une autre plus récente et d'importation française; l'aversion pour la caste nobiliaire, dans laquelle se recrutait alors l'immense majorité des officiers. Aussi, quand le prince d'Isembourg lança la fameuse proclamation qui lui a valu, en 1815, la perte de ses États, pour recruter parmi les militaires allemands un régiment à la solde de la France, on remarqua, et l'on ne manqua pas de dire bien haut, qu'une trentaine d'officiers prussiens de très ancienne noblesse avaient répondu les premiers à cet appel.

Cette proclamation, dont les écrivains français n'ont guère parlé, porte la date du 18 novembre 1806. Elle n'était rien moins qu'habile : au lieu d'insister principalement sur l'honneur de faire partie de la première armée du monde, on s'adressait de préférence aux instincts matériels. « Le soldat français, disait-on, est de beaucoup le mieux payé, le mieux habillé, surtout le mieux nourri. Il vit plus à l'aise que les sous-officiers des autres armées, etc. » On croirait entendre les raccoleurs de l'ancien régime français, vantant aux campagnards novices les douceurs apocryphes de la cuisine du régiment.

Ce n'étaient pas sans doute des considérations semblables qui décidaient des officiers nobles à répondre à cet appel. Mais leur conduite, qu'on n'osait qualifier trop sévèrement en présence des Français, n'en produisit pas moins une recrudescence d'indignation contre les nobles en général. On revint avec affectation sur certaines circonstances, dans lesquelles le vieux Fritz avait traité des individus de cette caste avec une hauteur voisine du mépris. On exhuma notamment un « Ordre de Cabinet », adressé naguère à un personnage de la plus haute noblesse, qui sollicitait en conséquence un avancement plus prompt pour son fils, enseigne dans les gardes du corps. La réponse royale était ainsi conçue :

« J'ai pris connaissance de votre demande, et j'ai à vous dire que depuis longtemps j'ai donné l'ordre de ne plus recevoir de comtes dans mon armée. Quand-cès messieurs ont servi un an ou deux, ils s'en vont chez eux ; ce sont des orgueilleux, des fanfarons dont il n'y a rien à faire. Si votre fils veut servir, il avancera en apprenant sérieusement le métier des armes. Les titres de noblesse ne comptent pour rien en pareille affaire. »

A cette boutade était joint un *post scriptum* du même style, écrit de la propre main du roi.

« De jeunes comtes qui ne veulent rien apprendre sont des ignorants en tout pays. En Angleterre, le fils du roi a débuté à bord d'un bâtiment comme simple matelot, pour connaître le détail des manœuvres. Si, par une espèce de miracle, un comte pouvait jamais être bon à quelque chose, rendre des services à son pays et à la société, ce serait uniquement grâce à son *mérite personnel* (ces mots sont en français dans l'original); et non grâce à son titre et à sa naissance, car ce ne sont là que des fadaises *(narren possen)*. »

Une circonstance particulière donnait à cette reproduction une actualité piquante. Le jeune enseigne qui avait valu à son père cette rebuffade était précisément ce même comte Schulenburg, gouverneur de Berlin au mois d'octobre 1806, et dont l'attitude n'avait été rien moins qu'héroïque au moment de la catastrophe, ainsi qu'on l'a vu précédemment. L'irritation était d'autant plus grande contre lui, que depuis l'entrée des Français il était revenu à Berlin demeurer avec son gendre, et qu'il affectait de ne plus porter la décoration prussienne, mais seulement celle de la Légion d'honneur. Il s'imaginait ainsi montrer sa reconnaissance et faire sa cour au vainqueur. Il se trompait; ces témoignages de déférence servile n'excitaient chez Napoléon qu'un sentiment très-voisin du mépris. On l'a vu, au contraire, en plus d'une circonstance, remarquer et louer la fidélité courageuse aux souverains vaincus (1).

Il y aurait encore bien des choses à dire sur cet antagonisme, principe énergique de dissolution, dont Napoléon aurait pu tirer un grand parti, s'il avait voulu détruire entièrement cette

1. On trouve un curieux exemple de ce sentiment chez Napoléon, dans les Mémoires intéressants et trop peu connus de la comtesse de Choiseul (née Tyskiewic), publiés en 1830. En 1812, lors de l'entrée de Napoléon à Wilna, c'est-à-dire à une époque où tout semblait présager le succès complet de nos armes, l'auteur de ces Mémoires voulut absolument paraître à la présentation avec le chiffre en diamant des impératrices et la cocarde bleue, insignes du titre de dame du palais qu'elle tenait de la cour de Russie. Elle s'attendait à une « brusquerie de Napoléon »; peut-être même n'était-elle pas fâchée de la provoquer. Son attente fut déçue ; l'Empereur se borna à lui demander ce que signifiait ce chiffre, et, pour le moment, ne fit aucune observation. Mais « plus tard, au bal qui lui fut donné, apercevant mademoiselle G... qui se trouvait à côté de moi, Napoléon lui demanda pourquoi, étant aussi *dame du palais...*, elle n'avait pas mis sa décoration. Mademoiselle G... répondit qu'elle n'avait pas cru devoir la porter dans les circonstances actuelles « Pourquoi donc ? » dit Napoléon ; c'est une distinction de cour qui ne signifie rien ; l'empereur Alexandre est fort aimable de vous l'avoir accordée. On peut être bonne Polonaise et porter le chiffre, ajouta-t-il en se tournant de mon côté avec un sourire de bienveillance. » Napoléon savait apprécier, même dans une femme, un trait de caractère. On me loua beaucoup, *quand on vit que la chose avait bien tourné.* »

monarchie, comme il ne tenait qu'à lui de le faire après Friedland. Au début de la guerre, l'armée prussienne aurait eu besoin d'un succès décisif pour recouvrer son ancien prestige sur la population civile ; on sait ce qui arriva…. Ce ne fut pas trop des mutilations de Tilsit, de cinq années de souffrances et d'humiliations profondes, pour amener la réconciliation par l'excès du malheur commun, et fondre au creuset national toutes les rancunes du passé.

Mais ces jours de revanche étaient loin, ils semblaient ne devoir jamais venir, quand la population de Berlin contemplait Napoléon, tantôt chevauchant *unter den Linden*, tantôt les mains derrière le dos, cotoyant à pied dans le *Lustgarten* les rangs de sa garde invincible.

Vers la fin de son séjour, il prit quelques mesures financières importantes, et dont l'effet fut généralement heureux, au moins comme palliatif. Pour comprendre la gravité de la crise, il faut savoir que les administrateurs de la Banque royale (fondée en 1765) étaient partis dès le 14 octobre pour Kœnigsberg, et avaient suspendu leurs paiements. Cette résolution était absurde ; elle aggravait les souffrances des populations sans nuire à l'ennemi. La Banque aurait dû, ou bien rester à Berlin, ou du moins y assurer le paiement des intérêts sous la protection de l'autorité française, qui n'aurait pas manqué de s'y prêter. La fuite des administrateurs et l'interruption du service firent tomber en un clin d'œil le papier de la Banque à 25 0/0 au dessous du pair. Celui de la Caisse maritime, autre institution de crédit due également au grand Frédéric, perdait 40 0/0. Tel est l'inconvénient mortel des banques d'État.

On peut se faire une idée de la situation de la place, à la fin de 1806, par le seul fait qui suit. Les bons Israélites, qui, eux, n'avaient eu garde de fuir quand il y avait à pêcher en eau si trouble, ne voulaient escompter le papier des gens les plus solvables qu'à 50 ou même 60 0/0 de perte. Devenus aussi insolents avec les officiers qu'ils étaient jadis obséquieux, ils les rudoyaient, ricanaient de leur dénuement, et, à la moindre altercation, leur jetaient au visage le souvenir d'Iéna.....

L'empereur Napoléon commença par donner cours forcé au papier-monnaie de l'État. Les souscripteurs d'un emprunt de deux millions et demi de thalers, ouvert pour subvenir aux réquisitions françaises, furent admis de cette façon à faire leurs versements en papier, ce qui les soulagea beaucoup. En même temps, Napoléon faisait frapper et mettre en circulation tout ce qui se trouvait de lingots d'argent et de cuivre à l'Hôtel des Monnaies. D'autres prescriptions également dictatoriales, mais justifiées par les circonstances, pourvoyaient à l'approvisionnement de Berlin. Les cultivateurs, d'abord réfugiés dans la ville, avaient, pour la plupart, regagné leurs demeures. Il leur fut enjoint de verser dans les magasins la quantité de blé nécessaire pour assurer le service de la boulangerie. Ces fournitures furent réglées de manière à ce que la ville eût toujours en réserve des farines pour trois mois. Cet arrangement ramena le cours moyen du boisseau de blé entre 2 thalers 14 gr. à 3 thalers, tandis qu'il s'était élevé jusqu'à 4 thalers à l'époque de la paix, où l'exportation était permise. Napoléon avait défendu qu'on fît payer le pain aux pauvres plus d'un groschen la livre. Il donna aussi des ordres pour que l'on continuât de payer les pensionnaires de l'État, notamment les invalides, et pour que le service des postes fût rétabli dans toutes les provinces occupées par l'armée française.

VIII

On retrouve dans quelques poésies anonymes du temps l'impression encore palpitante des événements. En général, elles expriment l'espoir d'un meilleur avenir, d'une revanche ou d'une paix prochaines. L'une des meilleures porte néanmoins l'empreinte d'une mélancolie voisine du désespoir.

« Oui, si profondes qu'elles soient, les blessures de la patrie se fermeront enfin ;

Les villes, les villages se relèveront de leurs ruines ;

Arrosées de sang, les campagnes n'en seront que plus vertes à la saison nouvelle.

Mais les morts ne se relèveront pas ; des torrents de larmes sont et resteront versés !

La génération nouvelle sera florissante, soit ; mais celle-ci n'en aura pas moins souffert. Le bonheur des fils ne ressuscite pas les pères ! »

Il est assez curieux de retrouver, à cette date, des vers allemands empreints de cette tendance réaliste qui n'avait trouvé de nos jours que trop d'adeptes en France. Du moins nos malheurs récents ont inspiré de plus mâles accords aux jeunes poètes. Ils ont compris que nos femmes elles-mêmes prendraient en pitié les lamentations stériles, qu'il ne s'agit pas aujourd'hui de pleurer, mais de ceindre ses reins pour la vengeance.

Voici une autre pièce, plus remarquable encore, inspirée, dit-on, par la présence de Napoléon à un Prussien fidèle à son pays, mais subissant, dans une certaine mesure, le prestige du génie et de la gloire :

« O toi, auquel rien n'a pu résister jusqu'ici ! rends-nous notre bon roi, rends-nous la paix, rends-la au monde ! Cette paix, nous l'implorons au nom de l'humanité entière, prosternée à tes pieds.

Regarde autour de toi, grand Empereur, plus

loin, par-delà tes invincibles ! En ta générosité repose l'espoir de bien des millions d'hommes. Tu dois à ta propre gloire la modération, la pitié, comme couronnement de ta victoire.

Le vulgaire ne voit en toi que le grand capitaine ; je pénètre plus avant dans ta pensée profonde. Mais ta destinée recèle un piége terrible ! C'est un jeu dangereux que *d'édifier, comme tu le fais, le bien futur de l'humanité sur sa souffrance présente.*

> Doch du hast in deinen grossen Plœnen
> Menschenwohl auf menschenschmerz gebaut.

Nous ignorons si cette pièce fut composée, comme on le prétend, au moment même de l'entrée de Napoléon à Berlin. Ce qui est incontestable, c'est qu'elle se trouve à la page 257 de l'édition originale du tome premier des *Vertrante Briefe,* publié dès 1807, immédiatement après la conclusion de la paix.

On ne saurait donc méconnaître dans cette œuvre d'un poète inconnu une sagacité vraiment prophétique, et les deux derniers vers expriment la critique la plus profonde qui ait jamais été faite du système politique de Napoléon.

Oui, n'en déplaise à ses détracteurs anciens et nouveaux, l'Empereur était plus qu'un grand capitaine, plus qu'un conquérant vulgaire ! Il poursuivait, de champ de bataille en champ de bataille, un idéal supérieur à la gloire des armes, la destruction de la tyrannie maritime de l'Angleterre, *la paix universelle sous l'influence française* ! Mais il n'a pas su ou voulu comprendre qu'en vue de ce but véritablement grand, il imposait à l'Europe continentale plus de sacrifices, de souffrances, qu'elle ne pouvait présentement en supporter, et qu'il risquait une chûte mortelle pour la fortune de la France identifiée à la sienne, en avançant vers son idéal par une voie trop humide de sang et de pleurs.

D'autres strophes nous montrent un vieil invalide de Rosbach, appuyé sur sa béquille, contemplant avec stupeur l'entrée du vainqueur d'Iéna. De grosses larmes s'échappent de ses yeux ; il chancelle, il tombe sans connaissance, et ne revient à lui que pour exprimer le regret d'avoir trop vécu... Ce rapprochement se présentait si naturellement aux imaginations allemandes, qu'on peut bien ne voir là qu'un tableau de fantaisie. En revanche, voici une touchante anecdote d'invalide qui paraît bien authentique.

C'était à la fin d'octobre. Un officier supérieur prussien se dirigeait en voiture vers la forteresse silésienne de Glatz, quand il atteignit un piéton dont l'extérieur attira vivement son attention. C'était un homme de haute taille, conservant encore, dans un âge évidemment très-avancé, la tournure militaire, et marchant avec une vivacité juvénile. Comme il cheminait dans la même direction que l'officier, celui-ci lui offrit une place. « Merci, dit le vétéran, je m'exerce pour reprendre l'habitude des étapes. Oh ! ne riez pas, monsieur ! j'ai quatre-vingt-quatre ans, c'est vrai, mais dans des circonstances pareilles on retrouve des forces. J'ai fait la guerre de Sept Ans ; j'ai parlé deux fois dans ma vie avec le vieux Fritz !! Il m'a dit que je l'avais aidé à conquérir la Silésie. Eh bien ! Fritz, me voilà encore, pour aider ton petit-fils à la conserver. Et voilà pourquoi je vais à Glatz, et de là, partout où l'on pourra faire quelque chose d'un pauvre vieux comme moi. »

La guerre de 1870 est venue trop tard ! Entre les deux rencontres, il s'était écoulé soixante-six ans, tandis que quarante-neuf années seulement séparaient Iéna de Rosbach. Les Prussiens ont tout prévu, tout calculé. Ils ont attendu, pour rentrer en lice, que tous ceux qui les avaient vaincus fussent bien morts. Ils ont laissé de plus aux sophistes de la démagogie, leurs meilleurs auxiliaires, ce qu'il fallait de temps pour fausser le sentiment public, pour entraîner une partie de la nation à renier ses ancêtres, à blasphémer contre sa propre gloire....

A propos des publications prussiennes, en prose et en vers, contemporaines de l'invasion française, nous tenons à faire une dernière remarque qui a son importance.

Tous ces écrits attestent que la nation, tout en maudissant l'imprudence de ceux qui l'avaient précipitée dans cette terrible aventure, demeurait invariablement attachée au culte du grand Frédéric et à sa famille. On comprenait, on signalait énergiquement les fautes commises, les réformes indispensables. Mais la Prusse, heureusement pour elle, était encore novice en fait d'intrigues révolutionnaires. Cette nation arriérée ne comptait pas dans son sein des patriotes assez raffinés, pour souhaiter des désastres en haine de la dynastie régnante. Les partisans les plus zélés des réformes auraient repoussé avec horreur l'idée d'exploiter cette crise pour renverser le gouvernement établi. Ils auraient trop craint d'aggraver, dans une proportion effroyable, les dangers et les souffrances de la patrie.

Napoléon quitta Berlin dans la nuit du 25 au 26 novembre. Pendant ce séjour d'un mois, il avait conquis par son génie l'admiration de ceux qui maudissaient le plus ses victoires. Tous les témoignages contemporains concourent à prouver que, dans ces premiers temps, les Prussiens lui en voulaient moins d'avoir vaincu, qu'ils n'en voulaient à ceux dont l'incapacité avait assuré son triomphe. Ils étaient instinctivement flattés de sa visite solennelle au tombeau de Frédéric, et même de l'empressement qu'il avait mis à s'emparer de l'épée du vainqueur de Rosbach, en même temps qu'ils s'irritaient contre ceux qui avaient laissé à sa merci cette dépouille opime (1).

1. On connaît les paroles qu'une tradition très-accréditée en Allemagne attribue à Napoléon devant ce tombeau. La persistance de cette tradition m'a été attestée personnellement, pendant l'occupation, par un officier supérieur prussien, mis inopinément en présence d'un beau portrait

De mauvais plaisants ajoutaient que Napoléon avait d'abord mis aussi la main sur la fameuse canne du grand homme; mais que, toute réflexion faite, il l'avait renvoyée au roi de Prusse, en lui recommandant d'en faire bon usage quand il reviendrait à Berlin.

L'enlèvement du quadrige en bronze de la Paix, qui décorait la porte de Brandebourg, avait assez vivement affecté la population berlinoise. Mais des bourgeois optimistes objectaient que cette perte, après tout, n'était pas irréparable, puisque le moule existait encore à Potsdam, chez le fondeur Jury. On a vu ailleurs qu'en Allemagne des philosophes de cette trempe, par exemple celui qui, ayant eu sa décoration arrachée en public, s'en consolait en disant « qu'il avait du ruban chez lui ».

Tous les écrits indépendants publiés à cette époque font l'éloge du gouverneur général Clarke, du commandant Hullin, de l'administrateur Bignon. Ils eurent plus d'une fois, surtout

de Napoléon. Après l'avoir quelque temps considéré dans un recueillement muet, il me dit : Vous souvenez-vous de *ses* paroles au tombeau de Fritz? *Si tu vivais encore, nous ne serions pas ici !* Il n'acheva pas, mais on pouvait facilement deviner, à sa physionomie, quelle succession d'idées avait éveillé ce souvenir.

au début, à défendre les Berlinois contre les exagérations de zèle et de soumission des autorités prussiennes. Celles-ci croyaient n'en pouvoir faire jamais assez pour se concilier les vainqueurs, à moins qu'on ne suppose qu'elles agissaient ainsi pour surexciter les passions et préparer un mouvement général. Par exemple, au moment de l'arrivée de Clarke, le doyen de la corporation des marchands avait adressé à ses confrères une circulaire pour les engager, d'après l'invitation officieuse du prince de Hatzfeld, à se cotiser pour offrir au gouverneur français le léger cadeau d'un million. Clarke, c'est-à-dire l'Empereur, ayant paru fort mécontent de cette attention, le prince soutint qu'il n'avait rien dit de semblable. Un peu plus tard, Hullin ayant simplement ordonné la remise des armes par les particuliers, l'autorité prussienne s'empressa de faire insérer dans les journaux une proclamation portant que tout citoyen eût à livrer ses armes sous peine d'être fusillé. Le commandant s'empressa de communiquer à ces mêmes feuilles « qu'il était fort étonné que les magistrats se fussent permis d'édicter de leur chef une semblable pénalité, quand rien de sa part ne les y autorisait. » Cet officier général montrait de l'impartialité dans les contestations qui s'élevaient fréquemment à propos des logements militaires, et donnait par fois raison à l'habitant. Il se plaignait même de ce qu'on ne recourait pas assez fréquemment à lui. « On n'a pas assez confiance, disait-il, dans notre impartialité. Le soldat doit vivre, mais non s'enrichir aux dépens du bourgeois. » Il faut rendre aux chefs des armées allemandes de 1870 cette justice qu'ils ont agi de même..... quelquefois.

Il paraît certain, du reste, que les Berlinois eurent beaucoup moins à se plaindre des Français eux-mêmes, que de leurs auxiliaires allemands. « Il y avait bien de temps à autre, des demandes indiscrètes dans différents genres, mais on insistait rarement..... Bien des familles eurent affaire à des hôtes non-seulement réservés, mais généreux. Un jour, un soldat arrive avec son billet chez un tisserand. Il trouve quatre enfants à demi nus, grelottant dans un galetas ; il fouille à l'escarcelle, donne une pièce blanche à chaque enfant et s'en va... Deux autres, adressés à une pauvre veuve, s'en allèrent de même, mais revinrent deux heures après..... lui offrir les rations de pain et de viande qu'ils venaient de recevoir. » Ces faits sont rapportés par un contemporain d'ailleurs fort hostile à l'invasion.

Nous retrouvons encore, sur la situation commerciale et financière de Berlin après l'occupation, quelques détails techniques qui ne manquent pas d'intérêt. Au milieu de la stagnation générale, le seul commerce des chevaux et des bestiaux donnait lieu à des affaires fort actives, mais dans d'étranges conditions. Des animaux qui, en temps ordinaire, auraient valu de 80 à 100 thalers, se donnaient couramment à 80 0/0 de perte et même davantage. On pouvait avoir pour 15 thalers des bœufs excellents ; il y en eut même un instant de vendus pour trois thalers ! Cet avilissement des prix était dû à l'extrême rareté du fourrage. La place *Alexandre* était transformée en marché aux chevaux permanent. On pouvait aussi se procurer, pour des prix dérisoires (*Spottgeld*), des draps, de la toile, des habits de soie et d'autres étoffes, des montres d'or et d'argent, tristes épaves des champs de bataille. Il y eut un temps où l'on rencontrait à chaque pas dans les rues, sur les places, des groupes de vendeurs et d'acheteurs. Une partie des rations délivrées par la municipalité était revendue immédiatement à très-bas prix. Le trafic sur cet article avait pris une extension scandaleuse ; il fut défendu sous les peines les plus sévères, et, suivant l'usage, ces prohibitions ne firent que stimuler les spéculateurs. Des poursuites exercées .contre un négociant en vins prouvèrent que ce brave homme rachetait pour fort peu de chose à certains commissaires français peu scrupuleux une bonne partie du vin dont il avait fait payer fort cher à la municipalité la fourniture pour les troupes impériales. Condamné à la prison, il parvint à faire commuer sa peine en une forte amende. On réalisa aussi des bénéfices scandaleux dans le commerce des bestiaux ; trois riches habitants de Berlin étaient encore détenus pour ce fait, lors de la conclusion de la paix (1).

Pendant cette période de guerre, le change des monnaies donna lieu aussi à un mouvement immense d'affaires. Beaucoup de riches particuliers s'en mêlaient, et plusieurs se trouvèrent amplement dédommagés ainsi des sacrifices de

1. La basse avidité de ces fournisseurs qui n'étaient pas tous des Juifs, est stigmatisée dans de nombreux écrits du temps. On voit, dans une caricature, plusieurs de ces drôles, leurs paperasses à la main, faisant assaut de courbettes autour d'un commissaire français qui les bouscule sans miséricorde.

l'occupation. Grâce à la variété infinie des types monétaires qui circulaient alors en Allemagne, les hommes d'argent n'avaient que trop beau jeu. Une seule maison de banque, celle de Malpurg et Schulze, gagna dans les trois derniers mois de 1806 plus de 60,000 thalers. On prenait surtout de rudes revanches financières sur les militaires français qui, retournant dans leur patrie, cherchaient à échanger de l'argent allemand contre de l'or, et surtout de l'or français. « J'ai vu, dit un contemporain, échanger à l'hôtel de l'Aigle d'or, place Dœnhoff, vingt livres pesant de monnaies d'argent saxonnes et autres pour 100 frédérics d'or. J'ai vu également vendre le napoléon 12 thalers en pièces autrichiennes de 20 kreutzers estimées seulement à cinq groschen (prussiens) la pièce; ce qui mettait à soixante francs environ la pièce française de vingt francs. » Dans cette charge à fond sur le champ de bataille de l'agio, les Juifs figuraient naturellement à l'extrême avant-garde. Le même narrateur vit un de ces hommes à longue barbe empocher, moyennant huit frédérics d'or, pour 430 thalers en papier de bons du Trésor prussien.

Au mois de mars 1807, il y eut une reprise

assez énergique. En trois jours, les bons du Trésor remontèrent de 90 à 94, les billets de la Banque de 75 à 82, ceux de la Caisse maritime, de 60 à 74 0/0. Quelques personnes attribuaient cette amélioration au bruit alors fort répandu d'une prochaine solution pacifique. Mais elle avait une cause plus immédiate ; une somme considérable en numéraire, plus de 400,000 thalers, avait été expédiée de Francfort à Berlin, pour être employée en fonds publics prussiens. Cette opération était à la fois une action généreuse et une spéculation intelligente ; le coup d'essai magistral d'une jeune maison de Banque qui promettait beaucoup et a tenu encore davantage, la maison ROTHSCHILD FRÈRES de Francfort, dépositaire du trésor de l'électeur fugitif de Hesse-Cassel.

IX.

L'électeur Guillaume de Hesse - Cassel. — Son avarice.
— Ancienne organisation militaire du pays. — La
question du *raccourcissement des queues*. — Invasion
ridicule de Fritzlar. — L'Électeur vanté par un écrivain
français. — Exposé véritable des faits. - Efforts de
Duroc, de Bignon en faveur de ce prince. — Le vingt-
septième bulletin. — Le prince de Waldeck et son
armée de neuf hommes.

S'il est un État en Allemagne, où l'intervention française ait été un bienfait relatif et un juste
châtiment des fautes du pouvoir établi, c'est
bien l'Électorat de Hesse-Cassel. Un mémoire
publié dès 1807 à Leipzig par un ancien officier
de l'armée hessoise contient sur l'administration civile et militaire de l'Électeur des renseignements curieux et dont on ne saurait suspecter
l'impartialité, car l'auteur avait refusé d'entrer
au service du nouveau roi de Westphalie.

C'était l'Angleterre qui avait restauré, dans la
seconde moitié du dix-huitième siècle, la fortune

délabrée, des Électeurs de Hesse, en louant chèrement leurs troupes pendant les guerres des Indes et d'Amérique. Guillaume, le prince régnant en 1806, avait encore augmenté beaucoup son avoir, en prêtant de différents côtés de grosses sommes à très-gros intérêts. Quant à l'agriculture et à l'industrie de ses propres États, toute la part qu'il y prenait consistait en quelques avances, accordées parfois à un petit nombre de grands manufacturiers, sans qu'il leur fut jamais fait grâce d'un jour pour le paiement des intérêts ou le remboursement du capital. Comptant faire à son tour, un jour ou l'autre, quelque bonne affaire avec les Anglais, sa principale préoccupation était d'avoir toujours son marché d'hommes bien garni. Aussi tenait-il sur pied une armée hors de toute proportion avec le nombre de ses sujets ; dans ce petit État de 500,000 âmes, près de 33,000 hommes portaient l'uniforme !

Cette armée ne lui coûtait pas, à beaucoup près, aussi cher qu'on pourrait le croire. Il n'y avait de régulièrement soldé que les troupes de ligne, dites « régiments de campagne » (*Feld-regimenter*), dont le chiffre s'élevait à peine à 3,300 hommes. Le reste, c'est-à-dire les neuf dixièmes de l'effectif militaire, se composait des milices rurales et urbaines (*Garnison et land-regimenter*). Pour elles, le service militaire était un impôt, ou plutôt une obligation féodale. Elles étaient assujetties aux revues, aux exercices, s'armaient, s'équipaient *à leurs frais*, sans toucher aucune solde en temps de paix.

Cet électeur Guillaume était, relativement, le plus riche prince de l'Europe, et sans comparaison le plus avare. D'après les évaluations les plus raisonnables, il possédait alors environ 50 millions. Toute son intelligence passait dans la gestion de cette colossale fortune ; hors de là, c'était un sot dans toute l'acception du terme, haïssant la France presqu'autant qu'il aimait l'or. Il s'occupait beaucoup de son armée, mais sa surveillance méticuleuse, s'exerçant exclusivement sur les détails les plus puérils de tenue et d'équipement, lui avait fait perdre ses meilleurs officiers. La plupart de ceux qui s'étaient formés dans la guerre d'Amérique avaient pris du service dans d'autres États. Il restait à l'Électeur les nobles fainéants, que personne ne s'avisait de lui disputer. En Hesse, plus encore qu'en Prusse, les hauts grades étaient occupés, presque sans exception, par les gens qui « ne s'étaient donné que la peine de naître ». Des enfants de quatorze ans, sortant d'une école militaire où ils ne daignaient rien apprendre, sachant d'avance qu'ils n'en avaient pas besoin, faisaient leur chemin au détriment de ceux qui n'avaient d'autre titre que leur mérite personnel. Aussi les bourgeois, les marchands, étaient encore plus dédaignés en Hesse qu'en Prusse par les nobles à uniforme. Ceux-ci ne s'abaissaient à fréquenter une maison de roturier que quand il s'y trouvait quelque jolie femme, ou une caisse bien garnie. A l'exemple de leur prince, ils affichaient le plus grand mépris pour les Français. La campagne de 1805 n'avait pas suffi pour les détromper ; Ulm, Austerlitz n'étaient, suivant eux, que le résultat de la trahison.

Les sous-officiers étaient en général excellents, mais condamnés, en leur qualité de roturiers, à végéter toute leur vie dans les grades inférieurs, comme ceux de l'ancienne armée française depuis le fatal règlement de 1781. Il y avait parmi ces sous-officiers hessois, et même parmi les soldats, plus de religion, de moralité et d'instruction que chez la plupart des officiers nobles.

Les fastes de l'armée hessoise, à cette époque, offrent certains détails qui semblent du domaine de la fantaisie carnavalesque. La grave question du raccourcissement des queues fut débattue pendant plus d'un an entre l'Électeur et ses conseillers intimes. Il est vrai que le règlement qu'ils élaborèrent était un chef-d'œuvre. Tout y était prévu ; l'épaisseur de l'appendice en question, sa longueur, celle du ruban, la forme du nœud, tous les détails de la coiffure assortie, les pénalités graduées pour les négligences d'exécution de la part des inférieurs, ou le manque de surveillance des supérieurs. L'Électeur attachait une telle importance à ces détails, que les officiers, pour faciliter leur travail, avaient fini par faire inscrire ces mesures réglementaires sur leurs cannes, et la plus grande partie du temps affecté à la parade était absorbée par ces graves vérifications. Pendant ce temps, les objets les plus essentiels étaient négligés ; l'habillement du soldat restait incommode ; le fusil, plus lourd que dans aucune autre armée, portait à peine à soixante pas, etc.

Quelques années avant sa déconfiture, l'Électeur s'était donné la satisfaction de jouer au conquérant, en prenant possession du territoire de Fritzlar, qui lui était attribué par la paix de Lunéville. D'après ses ordres, une division en grand appareil de campagne, musique en tête, envahit au beau milieu de la nuit cette paisible petite ville, réveillant en sursaut les habitants, qui ne savaient d'où leur tombait cette avalanche guerrière. Après un terrible charivari de trompettes et de tambours, on annonça à cette population effarée qu'elle avait désormais l'honneur d'appartenir à S. A. S.

Le dernier historien de Napoléon n'a pas manqué de prendre parti pour l'Électeur de Hesse. Il s'efforce de prouver que la conduite de ce prince avait été à la fois droite et adroite, digne de la gratitude du tyran, plutôt que de son courroux. Pour arriver à cette conclusion, il ne s'est pas fait faute de modifier les faits. Tout ce qu'il dit (T. III, 494 et suiv.) des relations des deux États avant la catastrophe est absolument contraire aux documents. Loin d'être resté *immobile*, comme le prétend son apologiste, l'Électeur ne s'était donné que trop de mouvement, pendant les premiers mois de 1806. Il avait fait les démarches les plus pressantes du côté de la France, pour être admis dans la Confédération du Rhin. Ses instances avaient été écartées par un double motif. D'abord Napoléon ne voulait pas accorder à un prince qui lui inspirait fort peu d'estime et encore moins de confiance, la majeure partie des États de son cousin de Hesse-Darmstadt, qu'il réclamait en bon parent, comme condition *sine quâ non* de son accession. Ensuite, Napoléon n'entendait pas alors se priver de la possibilité d'offrir, dans l'hypothèse d'un arrangement avec l'Angleterre, Hesse-Cassel à la Prusse en remplacement du Hanovre, sauf à dédommager l'Électeur suivant ses mérites.

Napoléon fut bientôt informé que ce prince jouait double jeu. En même temps qu'il demandait à être admis dans la Confédération projetée, il révélait l'existence de ce projet à la Prusse, prétendait faussement que l'on voulait le faire entrer de force dans cette ligue, etc.

M. Lanfrey soutient que l'Électeur était irrévocablement condamné d'avance. À l'appui de cette assertion, il cite un seul texte qui prouve justement le contraire. Le 30 septembre, l'Empereur confiait à son frère Louis « qu'une fois la guerre finie il le chargerait *peut-être* de conquérir Cassel. » Ce n'était encore là qu'une éventualité que l'Électeur aurait pu conjurer jusqu'à la veille d'Iéna, « L'Électeur, quoique essentiellement dévoué à la cour de Berlin..., n'était cependant disposé à entrer dans la carrière avec elle qu'après un heureux début.... Mais, en même temps qu'il se montrait réservé sur des actes caractérisés..., il mettait sa petite armée sur le pied de guerre, afin de pouvoir, disait-il, maintenir sa neutralité. Pour éviter des questions embarrassantes..., son ministre en France avait quitté Paris sous prétexte d'intérêt particulier. Les dernières communications eurent donc lieu par l'intermédiaire du ministre de France à Cassel (1). Les demandes de la France se réduisaient aux termes les plus simples. L'Électeur voulait-il ou pourrait-il rester neutre ? Voulait-il se joindre à la Prusse, ou se réunir à la France ?... Il protestait que rester neutre était son plus ardent désir. Mais lorsqu'on lui demandait s'il resterait neutre malgré la volonté contraire de la Prusse, il ne faisait plus que des réponses évasives. »

Dans les derniers jours de septembre, le ministre de France fut appelé par l'Empereur à Mayence. De son côté l'Électeur ne se tint pas immobile dans sa capitale, comme le prétend M. Lanfrey : il se rendit au quartier général

---

1. Ce ministre n'était autre que l'un des futurs historiens de Napoléon, le baron Bignon, à l'ouvrage duquel nous empruntons ces détails.

prussien à Weimar. Ce voyage n'avait d'autre but que d'obtenir du Roi son consentement à la neutralité de la Hesse ; l'Électeur du moins le dit à M. Bignon, qui en crut ce qu'il voulut. Lui-même allait faire de très bonne foi la même démarche auprès de l'Empereur. Il fut autorisé en effet à conclure avec l'Électeur une convention de neutralité, à la condition que ce prince remettrait ses troupes sur le pied de paix, et ne recevrait pas celles du roi de Prusse. Bignon arriva à Cassel pour assister au passage d'un corps prussien entré de force soi-disant dans cette capitale, et pour voir le prince électoral, en uniforme de lieutenant-général prussien, aller au devant de ces troupes et en recevoir les honneurs militaires. On ne pouvait rien voir de plus doux en fait de violence. L'Électeur ne revint que la nuit suivante. Il avait fait, disait-il, un voyage infructueux : dès qu'il fut de retour, il lui arriva d'heure en heure des courriers prussiens qui le sommaient de se déclarer immédiatement pour ou contre. Pour gagner encore du temps, il envoya son principal ministre auprès du Roi. « Mais il ne tenait pas la balance égale ; car, tandis que la France lui demandait, comme condition de neutralité, de remettre son armée sur pied de paix, il complétait son état de guerre...., augmentait des forces que, dans aucun cas, il ne se proposait d'employer en faveur de la France. Le 14, il n'osait pas encore promettre de rester neutre, si S. M. P. n'y consentait pas !.... Après la bataille, il fit ce qu'il aurait dû faire auparavant ; ses troupes rentrèrent dans leurs cantonnements ; il était trop tard. »

Le 31, Cassel fut occupé par les troupes de Mortier. Cependant, à cette date, l'Empereur n'avait pas encore pris de résolution définitive. Il ne l'avait même pas fait le 4 novembre, jour où Bignon lui rendit compte d'une dernière démarche de l'Électeur. Ce prince, devenu prodigue à force de crainte, offrait tout alors, ses places fortes, ses troupes, même de l'argent, beaucoup d'argent ! ! ! « L'Empereur, dit Bignon, me fit diverses questions sur les troupes hessoises, sur certaines qualités de l'Électeur qui ne lui déplaisaient pas... Il parla pendant quelques minutes, de façon à me donner l'espoir qu'il allait accepter... Tout à coup, s'interrompant en changeant brusquement de ton, il me dit : bah !... Brunswick, Nassau, Cassel, tous ces princes-là sont essentiellement anglais, ils ne seront jamais nos amis.... »

Deux jours après, parut le 27me bulletin, qui prononçait l'arrêt de ces princes. Ce bulletin n'était pas, comme le prétend M. Lanfrey, un tissu de *fables* et de *basses insultes* ; c'était un réquisitoire sévère mais véridique. Il rappelait notamment que, « depuis bien des années, la maison de Hesse-Cassel s'enrichissait en vendant le sang de ses sujets à l'Angleterre pour nous faire la guerre dans les deux mondes » ; ce qui n'était nullement fabuleux.

Ce prince, pour lequel M. Lanfrey a des trésors de sympathie, a été jugé par les écrivains anglais encore plus sévèrement que par Napoléon. L'un des plus illustres, Walter Scott, dit très-nettement que l'Électeur affectait la neutralité, dans l'attente des subsides de l'Angleterre.

On raconte que, dans sa fuite, il s'arrêta pendant quelques heures à Arolsen, chez l'un des moindres principicules allemands, celui de Waldeck. Celui-ci, en l'honneur de son hôte, avait fait mettre sous les armes les neuf hommes qui composaient toute son armée. En présence de ce déploiement de forces, l'Électeur s'écria, les larmes aux yeux : « Vous êtes bien heureux, vous, d'avoir encore des soldats ! »

Pourtant son malheur n'était pas sans compensation. Si ses États étaient confisqués, sa caisse était sauve, et prospérait dans les mains des Rothschild.

X

Anecdotes hessoises — Les habitants d'Eisenach entre l'enclume et le marteau. — Les tribulations d'un pasteur protestant. — Le caveau sépulcral de Saint-Nicolas d'Eisenach. — Histoire d'une Italienne qui avait pris un mot pour un autre. — C'est la guerre !

Un recueil publié dans ce temps-là à Leipzig, et devenu fort rare, contient des particularités intéressantes sur l'occupation du territoire de Hesse-Cassel par les troupes françaises, et sur les manifestations insurrectionnelles soldées par l'Angleterre qui eurent lieu à cette occasion, principalement dans les campagnes(1). Nous empruntons à ce recueil une relation dont l'auteur semble avoir voulu s'envelopper de mystère, en cachant son nom, et ne désignant que par une lettre initiale la ville qu'il habitait. Mais en com-

---

1. La correspondance de Napoléon avec Fouché nous apprend qu'il courut à Paris des bruits fort exagérés de ce mouvement parmi les *femmelettes* et les *mirliflores*.

binant certaines circonstances de son récit, on reconnaît qu'il était ministre luthérien à Eisenach, ville bien connue par le romantique castel de Wartbourg, qu'ont diversement illustré Sainte-Élisabeth de Hongrie, Martin Luther et M. Richard Wagner.

Donc, au commencement de janvier 1807, Eisenach était en grand émoi. Une partie de ses habitants voulait prendre part au soulèvement en faveur du souverain déchu. Suivant l'usage, les gens qui n'avaient rien à perdre jetaient feu et flammes ; les bons bourgeois étaient au contraire fort opposés au mouvement. Ils craignaient que cette échauffourée n'attirât sur la ville quelque gros orage. Après des pourparlers qui se prolongèrent pendant huit jours, ils amenèrent leurs concitoyens turbulents à déposer les armes, et à se résigner aux faits accomplis.

Le pasteur, homme essentiellement pacifique par état et par tempérament, accueillit avec enthousiasme cette solution, par laquelle tout péril semblait écarté. « De même, dit-il poétiquement, qu'après une effroyable tempête la nature entière semble ranimée, rajeunie, de même, après ces jours d'angoisses, il nous semblait revenir à la vie. On voyait enfin reparaître plusieurs d'entre nous qui avaient prudent de se tenir à l'écart pendant cette crise (il devait être du nombre) ; ce n'était partout que félicitations, qu'embrassades d'amis qui avaient désespéré de se revoir jamais.... Hélas ! ce n'était là qu'une accalmie, qu'un rayon de soleil fugitif entre deux orages ! »

Dès le lendemain, en effet, il arriva coup sur coup deux fortes méchantes nouvelles. On apprit d'abord l'approche de 5,000 hommes de troupes françaises, italiennes et badoises, qui venaient, disait-on, châtier les insurgés par le fer et le feu. Nouvel accès de consternation des habitants d'Eisenach ! Les uns proposaient d'envoyer une députation pour expliquer le nouvel état des choses et obtenir merci, d'autre songeaient tout bonnement à se cacher ou à fuir, quand soudain retentit de nouveau la voix des crieurs public, appelant une seconde fois les habitants (*Burger heraus !*), pour recevoir une nouvelle communication encore moins rassurante. Un rassemblement de paysans et de soldats hessois était de son côté en marche sur la ville, se proposant de la mettre à sac, pour apprendre aux bourgeois à paralyser l'insurrection ! Les choses prenaient la plus fâcheuse tournure; Eisenach se trouvait entre l'enclume et le marteau.

Tandis que l'on fermait les portes de la ville, qu'on faisait en hâte et à tout hasard quelques préparatifs de défense contre les insurgés, qu'on redoutait encore plus que les Français, l'auteur de ce récit n'avait qu'une préoccupation assez peu évangélique, celle de trouver une bonne cachette pour lui et sa famille. Il avait un collègue également résolu... à se mettre en sûreté. Ils se décidèrent pour la crypte de l'église, qui renfermait les ossements des premiers landgraves de Thuringe. Très-peu de gens connaissaient alors l'existence de ce caveau sépulcral, dont l'entrée, située près de l'ancien autel catholique, était dissimulée par une large dalle. En conséquence, par une nuit sombre et orageuse, ils se dirigèrent vers l'église, munis d'outils et d'une lanterne sourde, escortés de leurs épouses frissonnantes, et médiocrement rassurés eux-mêmes.

« C'était donc auprès des morts que nous allions chercher un refuge. L'ouverture de la crypte n'était pas un travail à beaucoup près aussi facile que nous l'avions pensé. Mais je vis là, par ma propre expérience, qu'une partie de nos forces demeure à l'état latent dans les circonstances ordinaires. Nos outils avaient beau se ployer, se briser, nous n'en travaillions qu'avec plus d'ardeur. Nous réussîmes enfin, à l'aide de notre plus fort levier, à soulever, puis à faire basculer l'énorme dalle. Jamais, de sang froid, nous n'aurions pu accomplir pareille tâche ! »

Mais des frayeurs d'un autre ordre vinrent les étreindre, quand ils se penchèrent sur ce trou béant, donnant accès, parmi les ombres, à une nuit encore plus profonde ; — quand ils se sentirent pris à la gorge par l'âcre odeur du sépulcre. Cet asile les épouvantait à son tour ! L'exploration nocturne d'un tel lieu, dans de telles circonstances, devait agir fortement sur l'imagination des acteurs de cette scène, à une époque où les traductions de Lewis, d'Anne Radcliffe, le *Geisterseher* de Schiller et autres récits terrifiants, étaient lus avidement dans les petites villes allemandes. La brise éplorée, l'*ewige Windsbraut* de Jean-Paul Richter, lançait à travers les vitraux sa plainte menaçante, sur laquelle se détachait, semblable aux pas lourds d'une sentinelle invisible, le tic-tac de la vieille horloge. Parvenus aux dernières marches de la crypte, nos gens aperçurent, à la lueur que projetait leur lanterne dans cette obscurité séculaire, un entassement effrayant et lugubre, des débris de cercueils, des lambeaux d'étoffes, des fragments de squelettes. Le caveau sépulcral des anciens dominateurs de la Thuringe était encore dans l'état où l'avaient laissé les pillards sacriléges du temps de la Réforme ou de la guerre de Trente Ans. Ces ossements disloqués, c'était tout ce qui restait de ces Titans de l'âge féodal, ancêtres des maisons de Saxe et de Hesse. Là gisaient, impunément outragés dans leur dernier asile, Louis *le Sauteur*, fondateur d'Eisenach et de Wartburg, son fils Louis *le Ferré* et leurs premiers descendants (1).

1. Louis le Sauteur est un des types les plus curieux des burgraves de la féodalité héroïque. Ce surnom lui vint d'un saut prodigieux qu'il avait fait en s'échappant du donjon où il était détenu pour avoir tué un de ses voisins qui voulait l'empêcher de chasser sur ses terres, et ensuite enlevé sa veuve. On assure qu'il braconnait chez ce voisin de plus d'une manière, et que la femme était d'intelligence avec lui. Plus tard il fit cause commune avec le prince Henri contre l'empereur Henri III, puis se battit contre ce même prince devenu Henri IV, et finit par aller faire pénitence de ses nombreuses peccadilles au monastère de Reinhartsbrunn qu'il avait fondé. C'était aussi un fort beau burgrave que le fils de ce Sauteur; Louis dit *le Ferré*, parce qu'il ne bougeait de son armure. On sait qu'un de

L'aspect de cette sépulture profanée eût intéressé vivement un archéologue ou un poète ; mais ceux qui y pénétraient dans cette nuit de janvier 1807 avaient d'autres préoccupations. Ils n'avaient pas encore touché le sol de la crypte, quand leurs oreilles furent frappés d'un bruit qui leur parut celui d'une porte violemment refermée au loin. Ce n'était probablement qu'une bouffée d'ouragan plus forte que les autres. Saisis d'une folle terreur, ils remontèrent l'escalier, rejetèrent précipitamment la dalle sur l'ouverture, comme s'ils eussent craint qu'il n'en surgit quelqu'un à leur poursuite. Puis ils s'enfuirent, ayant perdu toute envie de demander l'hospitalité aux spectres des vieux landgraves.

Le pasteur trouva chez lui d'un peu meilleures nouvelles. Des patrouilles avaient battu les environs à plus d'une lieu à la ronde ; tout était calme. On sut plus tard que les insurgés avaient renoncé à leur projet ; apercevant de ses passe-temps était d'atteler à la charrue ses vassaux récalcitrants.

Cette crypte contenait les restes des premiers landgraves. A partir du treizième siècle, leurs successeurs avaient été inhumés dans la belle église de Marburg, fondée par sainte Élisabeth.

loin, du côté de la ville, les feux qu'on y avait allumés dans la prévision d'une attaque nocturne, ils avaient cru que les Français occupaient déjà Eisenach.

Un peu rassuré, le ministre se jeta tout habillé sur son lit, et ne se réveilla qu'au jour. Alors seulement, il se rappela que ce jour était un dimanche, et qu'il avait un sermon à faire. Le pauvre homme n'avait guère le cœur au prêche ! Enfin, au moment où il essayait de rassembler ses idées fort éparpillées, un bruit de trompettes vint renouveler toutes ses terreurs ; ce bruit annonçait l'entrée des Français. Cette fois il se crut perdu sans remède, quand justement ses maux allaient finir. Au lieu des gens féroces ou tout au moins insatiables qu'il redoutait, il fut délicieusement ému en trouvant dans les deux officiers désignés pour loger chez lui, des hommes de l'extérieur le plus sympathique, s'excusant avec une politesse extrême du dérangement qu'ils lui causaient, et se contentant volontiers de son modeste ordinaire. Nous avons eu rarement de ces bonnes surprises en l'an de disgrâce 1870.

Ces premiers occupants quittèrent Eisenach au bout de trois jours : ils allaient rejoindre la

Grande Armée dans les fameux cantonnements de la Passarge. Le pasteur d'Eisenach était si enchanté de ses pensionnaires qu'il ne put s'empêcher de pleurer en recevant leurs adieux, « et en pensant que selon toute apparence, ils ne se reverraient plus en ce monde. » Eux, de leur côté, lui promirent de veiller à ce qu'il ne fût fait aucune avanie à son vieux père, maître d'école dans un bourg où leurs soldats devaient faire étape, et ils tinrent parole.

D'autres troupes, appartenant au royaume d'Italie, vinrent ensuite tenir garnison à Eisenach, et le pasteur eut à loger pour sa part un capitaine qui resta trois semaines chez lui. Le séjour de cet officier fut marqué par un incident assez comique, qui eût fait les délices de Rabelais ou de l'auteur du *Moyen de Parvenir*. Nous allons essayer de le reconter, en gazant un peu certains détails par trop naïfs du texte original.

Dès le lendemain de l'installation du capitaine italien, on vit arriver un petit jeune homme, vêtu en bourgeois, que l'officier présenta au pasteur et à sa famille, en leur apprenant que ce jouvenceau répondait au nom de *Teresa*, et n'était autre que sa femme légitime. On jugea prudent de l'en croire sur parole, et de faire bon accueil à cette épouse, qui reprit les habits de son sexe. Seulement la conversation languissait quand le mari n'était pas là pour servir de truchement, car le pasteur allemand et l'Italienne savaient à peine quelques mots de français, qu'ils écorchaient chacun d'une manière différente.

Un jour, pour distraire sa pensionnaire, il s'efforçait de lui traduire quelques passages d'une lettre qu'il venait de recevoir d'un officier de ses amis, prisonnier et interné à Luxembourg. Il parvint à lui faire comprendre tant bien que mal une phrase dans laquelle il s'agissait d'une soirée dansante, à laquelle les dames de la ville étaient venues en grande toilette, « les bras et le cou *nous* (prononciation germanique de l'adjectif *nus*), A ces deux derniers mots, la jeune personne devint rouge comme une pivoine, et s'écria avec indignation : « est-il possible ? fi ! les vilaines !! » Le pasteur, étonné de tant d'émoi à propos d'une chose aussi ordinaire qu'une exhibition de « *cous nus* » dans un bal, lui demanda ce qu'elle trouvait là de si révoltant, si telle n'était pas aussi la mode dans son pays, etc. Plus il s'enferrait ainsi, plus Teresa semblait effarouchée, indignée ! Il fallut l'arrivée du mari pour mettre fin à ce quiproquo, qu'on a sans doute deviné déjà. L'Italienne avait pris un mot pour un autre ; elle s'était imaginé que dans le substantif *cou* aussi bien que dans l'adjectif *nu* la prononciation *ou* désignait purement et simplement la cinquième voyelle de l'alphabet.

On comprend qu'envisageant les choses à ce point de vue, elle avait dû être singulièrement offusquée de la bizarrerie immodeste des toilettes luxembourgeoises.

L'occupation de la Hesse nous fournit encore une assez jolie anecdote à propos du fameux dicton : *c'est la guerre !* dont les Prussiens ont tant abusé dans la dernière invasion. Le lendemain de l'entrée des Français à Cassel, une pauvre vieille femme se lamentait du prix exorbitant qu'on lui demandait d'une livre de beurre. « Que voulez-vous ? c'est la guerre (*est ist krieg*), répondait le vendeur, qui comme les spéculateurs de tous les temps, exploitait sans vergogne les circonstances. Un soldat français, témoin de cette altercation, s'avance, prend sans façon à l'étalage du marchand abasourdi le beurre qu'il remet à la vieille, en lui disant : « tenez, ma bonne, c'est la guerre aussi ! »

XI

Wilhemshœhe — L'électeur de Hesse et Jérôme Bonaparte.   Constitution du royaume de Westphalie. —
Bienfaits singuliers d'une restauration.

Les événements dont il va être question dans
ce chapitre sont d'une date postérieure à ceux
qui font principalement l'objet de ce travail,
mais ils s'y rattachent intimement. Nous espé-
rons démontrer, par des documents irrécu-
sables que le sort des populations du royaume de
Westphalie. dans lequel se trouvait comprise la
Hesse, n'était pas aussi déplorable que le prétendent certains écrivains français.

Ce fut le 20 décembre 1807, que le souverain de ce royaume, créé par le traité de Tilsit
et dont Cassel devenait la capitale, vint s'installer
dans le château des Électeurs, *Wilhemshœhe*,
qu'on appelait alors Napoleonshœhe, et qui plus
tard devait être aussi la résidence d'un autre Na-

poléon, à la suite d'une catastrophe sans exemple dans l'histoire (1).

Jusqu'à l'arrivée de Jérôme, ses futurs États avaient été administrés par une régence composée des conseillers d'État Siméon, Jollivet et Beugnot. Ce dernier s'ennuyait fort de son tiers de royauté provisoire. Il écrivait à l'ancien ministre de France à Cassel, que quand on avait visité les jets d'eau, cascades et autres magnificences de Wilhemshœhe, « on n'aspirait plus qu'à une chose, retourner bien vite à Paris, pour y raconter combien tout cela était beau. »

Napoléon Ier avait promis aux populations de Hesse-Cassel un sort plus heureux, l'exonération

1. On ne connaît que trop la catastrophe à laquelle nous faisons allusion. Mais on ignore généralement que Wilhemshœhe a aussi sa place marquée dans les fastes de l'industrie française. Ce domaine avait été, au commencement du dix-huitième siècle le premier théâtre des expériences d'engins à vapeur de l'illustre et malheureux Papin, attaché comme ingénieur au service de l'Électeur alors régnant. Ce fut aussi de Cassel qu'il partit en 1707 sur un bateau qu'il manœuvrait lui-même avec une machine à feu. Il n'alla pas loin, il est vrai; cette barque, prototype rudimentaire de la navigation à vapeur, fut arrêtée et mise en pièces, quelques lieues plus bas, par les mariniers du Weser. (V. la *Vie de Papin*, publiée d'après des documents nouvellement découverts, par M. de la Saussaye, de l'Institut).

des corvées militaires, une diminution et une répartition plus équitable des charges publiques. Ces promesses lui ont valu une sévère objurgation de l'écrivain que nous avons cité plus d'une fois. Suivant lui, « les malheureux Hessois, dont les ossements blanchirent avec les nôtres sur *tous* les champs de bataille, allaient bientôt savoir ce qu'ils devaient penser de ces *roucoulements de colombe*. Ils ne furent que trop tôt mis à même de faire la comparaison... » (Lanfrey, III, 496.)

Cet écrivain s'imagine probablement que la population hessoise jouissait d'une félicité sans mélange sous cet électeur *bassement insulté*, qu'elle passa brusquement des délices de l'âge d'or aux tortures de l'âge de fer. Nous ne prétendons aucunement assimiler le règne de Jérôme Napoléon à ceux d'Antonin ou de Marc-Aurèle. Mais c'est aller aussi par trop loin en sens inverse, de prétendre que le sort de ces populations avait notablement empiré sous le régime français. Nous nous en référons sur ce point au témoignage des écrivains les plus hostiles aux Bonapartes, même au curieux et scandaleux pamphlet intitulé *le royaume de Westphalie et Jérôme* (1820).

La constitution de ce nouveau royaume était l'œuvre du ministre secrétaire d'État de Napoléon, Hugues Maret. On sait que l'éducation politique de ce personnage, probe et laborieux par excellence, s'était faite sous la Constituante. Le spectacle des excès révolutionnaires avait modifié ses anciennes tendances libérales, mais sans les détruire. Dans toutes les constitutions auxquelles il a mis la main, il s'est efforcé d'introduire quelque chose des réformes fondamentales inaugurées en 1789. Agir autrement leur eût semblé indigne de la France, de Napoléon lui-même, dont il a été le serviteur le plus fidèle, comme le plus fervent admirateur. Le statut de la Westphalie faisait, il est vrai, une large part à l'autorité royale. Mais pour ces populations précédemment assujetties aux abus d'un régime féodal suranné, c'était déjà un bienfait considérable, que l'établissement d'un statut constitutionnel qui « consacrait l'égalité absolue de tous les sujets devant la loi, » qui supprimait « tous priviléges de corporation, tous priviléges individuels, tout servage, sous quelque dénomination que ce fût » ; qui conservait sans doute la noblesse, mais « sans qu'elle donnât ni droit exclusif à aucun emploi, ni exemption d'aucune charge publique. » On voyait également figurer, parmi les lois organiques du nouveau royaume, le Code civil français, notre système monétaire, celui des poids et mesures, la publicité des jugements, l'institution du jury. Les États, appelés à voter les impôts et les lois, devaient se composer de cent membres, dont soixante-dix propriétaires fonciers, quinze commerçants et quinze lettrés nommés par les colléges de départements. C'était une nouvelle application de l'adjonction des capacités réalisée en Italie, adjonction particuculièrement convenable dans le nouvel État, où les Universités tenaient une si grande place.

En envoyant cette Constitution à son frère, l'Empereur y joignait les plus sages avis. Il lui disait, entre autres choses : « ce que désirent avec impatience les peuples d'Allemagne, c'est que les individus qui ne sont point nobles et qui ont des talents, aient un égal droit à votre considération et aux emplois.... Les bienfaits du Code Napoléon, la publicité des procédures, l'établissement du jury, seront autant de caractères distinctifs de votre monarchie. Je compte plus sur leurs effets que sur le résultat des plus grandes victoires... Voilà bien des années que je mène les affaires de l'Europe, et j'ai eu lieu de me convaincre que le *bourdonnement* des privilégiés était contraire à l'opinion générale, Soyez roi constitutionnel.... » Malheureusement ces conseils si remarquables furent trop souvent perdus de vue par celui qui les recevait, et aussi par leur auteur.

Mais, comme on l'a dit avec raison, toutes ces réformes, introduites dans des constitutions, dans des chartes même mal exécutées, sont des semences qui ne sauraient périr. On a pu les étouffer momentanément, mais elles vivaient, fermentaient au fond des âmes. Les conseils des monarchies absolues comprenaient mieux Napoléon sous ce rapport que ne le comprennent aujourd'hui quelques Français, quand ils voyaient en lui le représentant de la Révolution. Eux-mêmes étaient entraînés dans cette voie par le cours irrésistible des choses. Dès 1807, le fameux baron de Stein, devenu premier ministre de ce qui restait de la Prusse, y reproduisait plusieurs de ces réformes de 89, que le gouvernement impérial établissait en Wesphalie et en Pologne. Un édit autorisait les bourgeois à acquérir certains immeubles jusque-là réservés aux nobles ; un autre abolissait la corvée, etc.... On était forcé, en un mot, d'imiter la France, pour pouvoir conspirer de nouveau contre elle avec quelque chance de succès.

Enfin l'établissement d'une organisation militaire calquée sur celle de la France, fut une amélioration *immense* pour la population du nouveau royaume, et principalement pour celle du ci-devant électorat. Cette vérité fera bondir certains démocrates, mais nous sommes en mesure de la démontrer mathématiquement.

D'après l'acte constitutionnel, l'armée, *pour le royaume entier* de Wesphalie, devait être portée au moyen de la conscription à 25,000 hommes, tandis que sous le régime précédent, le chiffre de la seule armée hessoise s'élevait, on s'en souvient, à *trente trois* mille. « Le recrutement par le moyen de la conscription n'était pas nouveau en Allemagne, où, de temps immémorial on faisait tirer les paysans au sort.... Les Hessois surtout s'y soumettaient docilement, toutes les fois qu'il prenait fantaisie à leurs princes de les vendre.... (1) » Mais l'application de la loi française introduisait dans cette opération ce changement considérable, d'un caractère libéral.

____

1. *Le royaume de Westphalie et J. B.*, p. 56.

Toutes les classes de citoyens allaient être désormais soumises à la conscription, dont les nobles étaient exempts précédemment.... La nouvelle organisation faisait également disparaître plusieurs réglements arbitraires pesant principalement sur les campagnes, où les Electeurs craignaient toujours de ne pas trouver assez de soldats pour l'exportation. Certaines industries étaient absolument interdites à ces serfs militaires. Aucun, par exemple, ne pouvait s'établir épicier, s'il n'était affecté de quelque infirmité le rendant tout à fait impropre au service. Après sa restauration, l'Électeur s'empressa de rétablir ces réglements ; celui concernant l'épicerie était encore en vigueur en 1828 !

La loi militaire du royaume de Westphalie avait encore sur le régime précédent l'avantage de rendre les grades supérieurs accessibles aux sous-officiers roturiers. La fantasmagorie des « ossements hessois blanchissant sur tous les champs de batailles », ne résiste pas à l'examen des faits. Il n'y eut d'employé dans la guerre de la Péninsule, que *six mille hommes* du royaume entier de Wesphalie, qui figurèrent principalement au siége de Gironne. La plupart des officiers se conduisirent bien, mais les soldats, qui avaient devant eux des Allemands à la solde de l'Angleterre, désertaient en masse pour les aller joindre parce que ceux-là étaient mieux payés. Il n'en fut pas de même en 1812 ; le contingent Westphalien se battit courageusement et fit de terribles pertes. Mais la totalité de ce contingent ne s'élevait qu'à *dix-huit mille hommes*, toujours pour le royaume entier. Pendant la campagne de 1813, les troupes Westphaliennes étaient profondément travaillées par les agents de l'Angleterre et ceux du *Tugendbund*, (Société de la Vertu). Les *vertus* qu'on leur prêchait, n'étaient autres que la fuite et la désertion. Ces manœuvres n'eurent en général que trop de succès : dès le début de la campagne, un régiment entier de cavalerie passa à l'ennemi. Plus tard on vit une colonne de 600 soldats Westphaliens, que commandait un général également Westphalien, s'enfuir à toutes jambes, sans brûler une amorce devant dix éclaireurs prussiens armés comme l'on sait, de ces méchants pistolets et de ces lances à banderoles que nos paysans appelaient des *gaules* en 1870. Suivant un témoin oculaire, les fuyards, dans cette dernière campagne, ne ralliaient plus, ils s'empressaient de changer leurs uniformes pour des habits de paysans(1). Somme toute, pendant la dernière moitié du dix-huitième siècle, il avait péri en combattant contre nous dans l'Inde et l'Amérique, vingt fois plus de soldats appartenant à la Hesse seule, qu'il n'a péri de 1808 à 1813, de gens du royaume entier de Westphalie sous les drapeaux français.

A peine réintégré dans ses États, l'Électeur y fit ce qu'auraient voulu faire alors en France ces royalistes qui « n'avaient rien appris ni rien oublié »; il restaura purement et simplement l'ancien régime. « La censure fut établie. Cette mesure, dit un auteur allemand contemporain, était la conséquence nécessaire du fait de la restauration dans une contrée qui, sous une domination étrangère, avait vu diminuer ses impôts, abolir des corvées onéreuses, aliéner les biens du prince, ceux de la noblesse et du clergé. Lorsqu'on voulut rétablir les corvées, etc...; considérer comme des spoliateurs les acquéreurs de biens vendus, le mécontentement devint général.... Rien n'était plus impolitique, plus injuste que le décret qui déclara que les nou-

1. Il y eut toutefois d'honorables exceptions, notamment dans le corps de l'artillerie.

veaux acquéreurs seraient admis à réclamer, pour toute indemnité, le montant de la plus value des biens que reprenaient les anciens propriétaires.. (Stein).

Pour parfaire le tableau du bonheur de ces populations rendues à leur *maître* légitime, il faut dire encore que leurs impôts étaient fort augmentés. De tout ce qui avait été fait en son absence, l'Électeur n'avait respecté qu'une chose, le système français d'impositions. Seulement il y avait rajouté les anciennes charges. Il en agissait ainsi par avidité et non par besoin ; non seulement sa fortune n'avait fait que prospérer pendant ses années d'exil, mais il avait touché de l'Angleterre environ deux millions d'indemnité, et à peu près autant de la France. Le pauvre homme !

XII

Napoléon et l'Électeur de Saxe. — Bon accueil fait d'abord dans ce pays aux vainqueurs d'Iéna. — Les deux estampes de Geisler. — Conduite odieuse des Juifs pendant cette guerre. —Le hussard français et la femme du cantonnier. — Prussiennes et Français.

L'Empereur avait châtié sévèrement les hésitations fallacieuses du prince hessois. Il s'empressa au contraire de pardonner à l'électeur de Saxe son hostilité loyale. Napoléon savait que la Prusse avait inutilement épuisé les voies de persuasion vis-à-vis de l'Électeur de Saxe ; qu'il lui avait fallu envahir le territoire de ce prince respectable pour l'entraîner dans cette guerre. Il était juste et en même temps d'une bonne politique, de se montrer généreux envers un tel ennemi.

Les plus grands égards furent donc recommandés pour les populations sédentaires, aussi bien que pour les soldats saxons qui rentraient dans leurs foyers. Les Français, à cette époque, furent généralement bien accueillis en Saxe. L'air engageant, la joyeuse désinvolture des vainqueurs d'Iéna et de Halle étaient un sujet d'étonnement profond dans un pays où la raideur prussienne avait été longtemps considérée comme l'idéal militaire. On ne saurait le nier, le premier mouvement fut sympathique.

Cette impression se trouve reproduite avec une grande vérité dans deux estampes populaires du temps, dessinées d'après nature par un artiste de Leipzig nommé Geisler. Après le début foudroyant de la campagne, le premier corps de la Grande Armée était entré dans cette ville à l'époque de la foire-Saint-Michel. L'une de ces gravures représente le défilé pittoresque d'un bataillon d'infanterie revenant de la distribution, et emportant sans façon les pains de munition et les quartiers de viande enfilés dans les baïonnettes, à la grande stupéfaction des Allemands. Au premier plan, quelques soldats fraternisent avec les habitants. Un sous-officier d'une figure ouverte et intelligente, une de ces physionomies joyeusement martiales qu'on retrouve dans les tableaux d'Horace Vernet, prend le menton d'un enfant qui promène curieusement les mains sur ses galons ; tous deux semblent déjà de vieilles connaissances. Près de lui, un voltigeur passe galamment son bras autour de la taille d'une jeune marchande à laquelle un autre troupier solde loyalement un petit verre. Çà et là, des poules, probablement acquises à meilleur marché, pendent attachées par les pattes aux bretelles des gibernes.

L'un des grands sujets d'étonnement des gens du pays était le goût que ces soldats si redoutés montraient pour les enfants, pour les animaux. L'artiste n'a pas oublié ce détail caractéristique. Au centre de l'autre gravure, on aperçoit le bout du nez d'un tout petit cheval, enfoui sous une montagne de paquets. A la cime est perchée la cantinière du régiment, portant en travers devant elle le fusil du troupier, amant ou mari, qui d'une main tient la bride de la monture, de l'autre un enfant dont il a bien l'air d'être le père. Près de lui marche lestement un autre soldat, portant sur son épaule un écureuil dérobé aux forêts de la Thuringe, et qui intrigue fort le fidèle chien du régiment.

Cette seconde estampe se rapporte à un incident peu connu et assez curieux. Nous venons de dire que ces troupes arrivaient pendant une des principales foires de la grande cité marchande de l'Allemagne. Un grand nombre de soldats improvisèrent sur le champ un marché pour se défaire de leur butin. Dans les premiers moments, personne n'osait aborder ces nouveaux commerçants, sauf les Juifs, toujours intrépides en présence d'une éventualité de bénéfice. L'artiste a bien exprimé le contraste de ces physionomies rapaces avec les figures franches et joviales des vendeurs. Dans un des principaux groupes, une horrible vieille marchande une riche défroque d'officier prussien ; elle désigne du doigt quelques taches (de sang, selon toute apparence), qui, suivant elle, détériorent considérablement l'article. Pendant ce temps, un enchérisseur déguenillé, coiffé d'un reste lamentable de chapeau à cornes, enfonce ses doigts crochus dans la nuque de la vieille, la tire violemment en arrière, et met dans la main du marchand-soldat le prix qu'elle hésitait à donner. Tous ces israélites portent la barbe longue, conformément à l'ordonnance de 1727.

Ces gravures se vendaient un demi-thaler avec figures noires, et un thaler avec figures coloriées ; elles se rencontreraient difficilement aujourd'hui en Allemagne, et n'ont jamais été connues en France. Peut-être ne seraient-elles pas indignes d'être reproduites dans quelque histoire française de l'Empire, en raison de l'exactitude minutieuse des types militaires. Les historiens parlent toujours trop des généraux, et pas assez des soldats.

On a peine à croire, toutefois, que le dessinateur n'ait pas exagéré un peu la laideur sordide, repoussante, des brocanteurs juifs. A cette époque, les préjugés du moyen âge contre les Israélites subsistaient encore en partie, et la conduite d'un grand nombre d'individus de cette race justifiait trop bien le mépris haineux dont ils étaient l'objet. « C'est surtout dans les grandes catastrophes que ces Juifs sont un fléau de plus, écrivait un contemporain. Tandis que l'honnête homme accablé se tient à l'écart, gémit en silence ou perd absolument la tête, le juif, rayonnant d'audace, apparaît en premier plan. Exalté par le démon de la cupidité, il exploite sans vergogne les malheurs publics. Cet homme, qui d'habitude tremble à l'aspect d'une épée nue, devient intrépide par amour du gain. Les dernières fumées des champs de batailles, en s'évanouissant, laissent voir des Juifs dépouillant déjà les morts et les mourants. Il n'est pas de meilleur espion qu'un Juif ; il sait tous les chemins, devine les plus mystérieuses cachettes, sert indifféremment amis ou ennemis, moyennant finance. Nul ne sait mieux exploiter à son profit le système des réquisitions. Connaissant les mots essentiels de toutes les langues, il se fait agréer par les chefs ennemis en qualité de commissaire, requiert en leur nom plus qu'ils ne demandent, et bénéficie de l'excédant. Il se concerte avec les maraudeurs, leur indique les bons endroits, leur rachète à vil prix le butin. Il exploite impitoyablement les vainqueurs eux-mêmes, dans le change des monnaies. » Des faits authentiques justifiaient l'exactitude de ce tableau. On avait vu dès Juifs entrer à la suite des Français dans les places conquises par capitulation, à Schweidnitz par exemple, et y vendre publiquement des objets provenant de réquisitions ou du pillage ; des draps, de la vaisselle, des chevaux, etc. (1) Certains chrétiens ne dédaignaient pas non plus ce vil métier d'es-

1. Ces instincts de rapacité éhontée persistent encore chez les Juifs des classes inférieures. Nous n'avons eu que trop d'occasions de nous en convaincre dans la dernière

pion ou de réquisitionnaire, et les vainqueurs ne se gênaient guère pour cacher le mépris que leur inspiraient ces complaisances vénales. Un jour, un habitant de Postdam découvrit au commandant de place français une réserve considérable de bois de charpente appartenant à l'État. « Laissons ce bois au roi de Prusse, dit dédaigneusement l'officier, il aura besoin de faire faire bien des potences, à son retour, pour les coquins qui l'ont trahi. »

On ne saurait trop le redire, l'opinion populaire faisait une grande différence entre ces lâches complices de l'invasion et la plupart des Français. Dans les écrits contemporains, les exemples de cruauté, de rapacité de la part des vainqueurs sont assez rares ; les traits de générosité abondent. Nous en avons déjà cité plusieurs ; en voici encore un attesté par une gravure du temps. Au moment où la Grande Armée marchait vers la Pologne, la femme d'un cantonnier de la route de Berlin à Posen, avait caché dans son jardin un sac renfermant une somme de 250 thalers. Une servante, dont elle

guerre. Les officiers prussiens s'étonnaient aussi que nous n'eussions pas su tirer parti des aptitudes merveilleuses des Juifs pour l'espionnage.

se croyait sûre, l'avait aidée à enfouir ce petit trésor. Bientôt les Français paraissent ; un détachement s'arrête dans le bourg voisin, et un hussard alsacien, porteur d'un billet de logement, se présente chez le cantonnier. Le lendemain matin, il mène droit à la cachette son hôtesse consternée, lui fait déterrer l'argent... puis lui dit : votre servante est une drôlesse qui vous a trahie ; elle espérait que je partagerais avec elle. .— Reprenez votre *magot*, cachez-le ailleurs; et à vous toute seule, car vous allez avoir à loger bien des camarades. Dans le nombre, il pourrait s'en trouver de moins scrupuleux que moi. » Je crois qu'on aurait de la peine à trouver un trait semblable dans les fastes des armées allemandes de 1870.

On rencontre, dans quelques ouvrages du temps, des détails curieux, mais pas toujours édifiants, à propos de « l'influence de l'occupation française sur les habitudes allemandes, et en particulier sur la moralité des femmes. » Suivant l'un des écrivains qui ont le plus approfondi ce sujet délicat, les belles Prussiennes qui avaient entendu vanter par leurs aïeules les officiers français du temps de la guerre de Sept Ans, comme des modèles parfaits d'élégance et de galanterie, trouvèrent que la plupart des vainqueurs d'Iéna ne répondaient qu'imparfaitement à cet idéal. Il prétend même que le dépit qu'elles en ressentirent détermina chez plusieurs d'entre elles une vive recrudescence de patriotisme. « Au fait, dit-il, n'ont-elles pas le droit d'en vouloir à ces conquérants distraits, qui leur ont tué ou estropié bon nombre d'adorateurs, en ont pris ou fait fuir beaucoup d'autres, et qui, par-dessus le marché, les remplacent si mal? » Toutefois il n'est pas de règle sans exception, et celle là en comportait d'assez nombreuses.

Le même écrivain ajoute qu'à Berlin et dans bien d'autres villes, le contact des étrangers ne pouvait plus exercer d'influence fâcheuse sur les femmes, qu'elles n'avaient pas attendu l'invasion pour mordre à belles dents aux fruits savoureux et dangereux de l'arbre de science. « Du temps de Frédéric, dit il, le séjour des armées françaises a pu donner en Allemagne une certaine impulsion *progressive*, ouvrir au beau sexe des horizons nouveaux. Il y avait surtout beaucoup à faire sous ce rapport dans la Basse-Saxe, dans la Hesse et la Westphalie ! Les femmes y étaient alors singulièrement arriérées. Presque toutes, mêmes dans les classes supérieures, ne parlaient encore que ce dialecte bas-allemand, disgracieux dans les plus jolies bouches. Les Westphaliennes étaient en général de grandes et belles personnes, mais d'une beauté lourde et hommasse. La danse n'avait pas encore assoupli leurs mouvements; elles faisaient d'excellentes mères, de robustes et habiles cuisinières, mais c'était tout (c'était bien quelque chose). Il n'en était déjà plus de même dès lors, dans les provinces situées entre l'Elbe et l'Oder. Mais c'est surtout depuis une dizaine d'années que le progrès y est devenu sensible (1). Le beau sexe de ces contrées n'a plus rien à apprendre des Français. Aujourd'hui, la fille du moindre bourgeois s'entend moins aux vulgaires détails du ménage, qu'à danser l'*Écossaise* ou à pincer de la guitare dans des poses langoureuses. (Le piano était encore un instrument de grand luxe dans ces temps primitifs.) Jusque dans les campagnes les plus reculées, vous trouvez des filles de ministres évangéliques, même de gardes forestiers, qui délaissent la cuisine et la lessive pour la culture des beaux arts et de la langue française. Dans les grandes villes comme Berlin, Breslau, Francfort, les belles dames s'occupent

1. Écrit en 1807.

fort peu de leurs enfants ; *cela ne les amuse pas.*
Beaucoup de jeunes femmes, et même de jeunes
filles se conduisent plus que légèrement »......
L'auteur entre à ce sujet dans des détails d'une
précision singulière, que nous nous garderons
bien de reproduire (1). Il y a sans doute de
l'exagération dans ces tableaux, fort semblables
aux scènes de la Régence et du Directoire. Mais
tous les contemporains sont d'accord pour si-
gnaler le progrès de la corruption des mœurs
en Prusse, sous le règne scandaleux de Frédéric-
Guillaume II, et pour affirmer que cette dépravation générale eut grande part aux défaillances
honteuses de 1806.

Et nunc...... erudimini !

1. V. B., II, 132 et suiv.

XIII.

Le journal d'un habitant de Kœnigsberg, imprimé en 1808 dans les *Feuerschirme*, nous
offre un tableau naïf et vrai des suites d'une
bataille meurtrière, livrée pendant un hiver ri-
goureux.

« Dans la journée du 8 février, dit le narrateur, c'est-à-dire pendant la bataille même, de
sourdes rumeurs commencèrent à circuler en
ville. On disait que Kœnigsberg allait devenir le
théâtre d'événements terribles ; on parlait d'une
lutte acharnée, engagée depuis deux jours vers
Preussich-Eylau. Plusieurs personnes montèrent au donjon pour regarder dans cette direc-

tion ; d'autres coururent à la porte de Friedland, d'où l'on prétendait avoir entendu le canon. Mais on eut beau prêter de nouveau l'oreille, interroger l'horizon du regard ; l'on ne vit, l'on n'entendit rien, bien que nous fussions à six lieues au plus du champ de bataille. L'atmosphère, chargée de brouillard et d'une neige épaisse, interceptait les lueurs et les détonations. »

Ce silence, cette incertitude sinistres se prolongèrent pendant toute la journée du 9. Le gouverneur Rüchel savait, disait-on, quelque chose, mais il se taisait avec tout le monde, même avec les personnes du sang royal, et l'on n'augurait rien de bon de cette attitude impénétrable. Il était déjà nuit close quand on acquit enfin la certitude qu'une grande bataille avait eu lieu —, en voyant arriver les premiers blessés russes.

On devine quel devait être l'état de ces malheureux, qui venaient de faire plusieurs lieues à travers la neige, sans aucun pansement. Les moins robustes étaient tombés en chemin ; on en retrouva un grand nombre morts sur la route ou dans des chaumières abandonnées. Parmi ceux qui ne parvinrent à Kœnigsberg que pour y mourir (et ce fut le plus grand nombre), beaucoup auraient pu être sauvés s'ils avaient été secourus aussitôt après le combat.

Ces premiers blessés s'arrêtèrent, ou plutôt s'abattirent sur la place du Château. Il n'y avait encore parmi eux aucun officier; bien peu savaient quelques mots d'allemand. Ils indiquaient par une pantomime expressive, qu'ils avaient été frappés en chargeant à la baïonnette. La plupart avaient été atteints aux extrémités inférieures, par des coups tirés de bas en haut. Quelle énergie il avait fallu à ces hommes, blessés aux jambes, aux pieds, pour accomplir un pareil trajet ! Un autre contemporain dit à ce sujet, et avec raison . « Ce n'est pas le talent de Benningsen, c'est le mépris de ses soldats pour la mort et les souffrances, qui a balancé cette fois la fortune de Napoléon. »

Les autorités prussiennes étaient totalement prises au dépourvu. On entassa ces blessés dans le premier local disponible, la maison de correction des femmes, située dans le Rossgarten. Là, pendant les premières heures, il n'y eut qu'*un seul* chirurgien pour plus de six cents malades; pour tout mobilier, quelques bottes de paille ! Peu ou pas de lumières; des salles entières, où il faisait aussi froid qu'au dehors, restaient dans une complète obscurité, pleines de gens qui se plaignaient douloureusement de leurs blessures ou de la faim.

L'auteur de ce récit, parcourant, un falot à la main, ce lieu de désolation, aperçut dans un coin un soldat russe et un Français prisonnier, étendus côte à côte sur les dalles nues. Tous deux étaient blessés, mais le premier moins grièvement que l'autre, qui semblait à l'agonie. Tout à coup on vit le Russe, se soulevant avec effort, détacher la couverture qu'il portait roulée autour de son corps, et la jeter sur son ennemi mourant, en lui disant : *Da, Franzos!* (tiens, Français !) Voilà de ces traits qui consolent et reposent parmi tant d'horreurs.

Dans ces premiers moments, une femme, la princesse de Solms-Braunfels, sœur de la Reine, montra plus de présence d'esprit, d'activité, qu'aucun des administrateurs militaires ou civils. Avant qu'ils eussent rien organisé, elle avait fait porter à l'hôpital improvisé des jattes pleines d'une soupe réconfortante à la bière et au vin. Mais il y en avait au plus pour cent personnes.

La nuit fut pleine de tumulte. Il ne cessait d'arriver des blessés, si bien que la place manqua bientôt pour les recevoir ; les derniers durent coucher en plein air. Quelques cavaliers survinrent ; bientôt des fourgons, des canons roulèrent bruyamment sur le pavé. Le jour vint éclairer une nouvelle succession de tableaux lamentables. Des paysans apportaient sur des brancards les hommes ramassés encore vivants sur la route. Parmi ceux-là, on en voyait d'affreusement mutilés ; s'ils respiraient encore, ils le devaient au froid qui avait arrêté l'hémorrhagie. La place du Château fut bientôt encombrée de nouveau. Plusieurs officiers russes étaient déjà en ville, aucun d'eux ne s'occupait des blessés.

Il faut savoir que, dans cette armée, le soldat n'avait d'autre médecin que lui-même. Les Russes n'avaient alors ni ambulances, ni chirurgiens militaires. On voyait encore régner parmi eux l'antipathie traditionnelle pour l'hôpital, que Souvarow réprouvait jadis comme une abomination d'origine française. Aucun de ces blessés d'Eylau n'avait été pansé, sauf ceux qui avaient eu la force de bander eux-mêmes leurs plaies avec quelques chiffons quêtés ou dérobés en chemin. Ils souffraient horriblement de la faim et surtout de la soif. A la honte de l'humanité, il se trouva là des marchands pour spéculer sur les besoins de ces malheureux, sur leur ignorance de la monnaie allemande. On leur vendit à des prix exorbitants quelques denrées, surtout des pommes, dans lesquelles ils mordaient avidement pour se désaltérer. Six ans après, en janvier 1813, cette ville revit des scènes semblables, et dans de plus vastes proportions. Mais alors les victimes n'étaient plus des Russes.

Les habitants de Kœnigsberg n'avaient pu obtenir de ces premiers blessés aucun renseignement positif. Tous ces Russes ne savaient exprimer dans leur jargon qu'une chose ; qu'ils avaient tué beaucoup de Français à Eylau (*Eylau, Franzos nieder*). Enfin, le 10 vers midi, on vit paraître une charrette rempli de blessés prussiens, qui devinrent aussitôt le centre d'un rassemblement considérable. Mais ceux-là même n'étaient guère en état de satisfaire la curiosité de la foule. Ils avaient combattu du côté de Mehlsack, l'un des points extrêmes du champ de bataille. Cependant, le nombre des brancards, des fourgons, des véhicules de toute espèce augmentait toujours. Survint un jeune officier d'infanterie russe, à la tête d'une trentaine d'hommes qui avaient conservé leurs armes ; c'était tout ce qui restait de son régiment. Les fuyards sans blessures affluaient à leur tour ; on les rencontrait de toutes parts en quête d'un gîte pour la nuit. Les Cosaques, seuls fidèles à leurs habitudes de campagne, ne s'inquiétaient que de la nourriture, et revenaient dormir sous le ventre de leurs chevaux.

Les secours arrivaient enfin, mais non en proportion du nombre croissant des blessés. On en avait rempli toutes les églises (sauf l'ancienne cathédrale), la plupart des édifices publics, les appartements disponibles chez les particuliers, et il en venait toujours. On avait mis en réquisition les chirurgiens des villes et des bourgs voisins. Toutes les femmes confectionnaient de la charpie ; chaque ménage prélevait sur son ordinaire la part des victimes de la guerre. Des récits plus ou moins exacts de la bataille commençaient à circuler. On parlait de dix mille blessés, nombre bien en deçà de la vérité ; rien que dans Kœnigsberg, il y en eut bientôt davantage. On annonçait que Benningsen *victorieux* se dirigeait sur cette ville ; il y arriva effectivement dans la soirée du 10. L'auteur du journal que nous suivons eut plus d'une occasion de voir et d'entendre le généralissime russe. « C'était, dit-il, un homme d'une figure respectable. Son regard était perçant, son parler doux et lent, sa contenance impassible. Il avouait que, sans l'intervention finale du corps prussien de Lestocq, il aurait eu quelque peine à se tirer d'affaire. »

Cependant l'armée russe se concentrait pour recevoir une nouvelle attaque sous les murs de la ville. On travaillait précipitamment à réparer les anciens ouvrages de défense, à installer des batteries entre les portes de Friedland et de Brandebourg ; décidément cette victoire russe d'Eylau était des plus singulières ! Les Russes prétendaient que Benningsen avait reçu de son Empereur l'ordre de défendre Kœnigsberg *sous peine de mort*, et les bourgeois commençaient à craindre d'être trop bien défendus. Leur inquiétude était d'autant plus légitime, que ce général avait, disait-on, déclaré de sa voix la plus douce qu'en cas d'échec il prendrait sa ligne principale de retraite par Kœnigsberg pour repasser la Pregel, et qu'alors il ne répondrait plus de ses Cosaques. En attendant, les soldats campés aux alentours se conduisaient à peu près comme en pays ennemi. Ceux qui venaient en ville y colportaient des objets pris en maraude. Pour entretenir les feux des bivacs, ils empruntaient sans façon aux maisons de la banlieue des tables, des chaises, des armoires, sous prétexte que le bois à brûler n'était pas assez sec. Chose étrange ! les troupes réglées donnaient de plus grands sujets de plainte que les Cosaques. On citait même de ces derniers quelques traits d'humanité et de générosité. On racontait qu'un Cosaque des plus affamés, ayant découvert une petite réserve de pain et de lait chez un paysan, s'était laissé attendrir par les lamentations de ce pauvre diable et de ses trois enfants. Non-seulement il s'était abstenu de toucher à ces dernières provisions, mais il avait aidé à les soustraire aux investigations de maraudeurs moins pitoyables, et avait laissé par dessus le marché une pièce d'or à la famille. Cette anecdote de Cosaque sensible fut le sujet d'une gravure coloriée, très-répandue dans l'Allemagne du Nord en 1807-1808. On y trouve l'indication exacte du costume des Cosaques : houppelande bleue avec buffleteries blanches, pistolet et cartouchière à la ceinture, bottines et bonnet d'astrakan avec pompon rouge.

Les mouvements de l'armée russe s'accordaient de moins en moins avec la première version qui avait couru. On commençait à dire que cette victoire était dans le genre de celle de

Pultusk, annoncée naguère par les bruyantes fanfares de seize postillons arrivant en ville au galop. Tout le monde était en joie ; le Roi ; la Reine avaient été acclamés avec enthousiasme à leur balcon ; et...., deux jours après, ils s'embarquaient en toute hâte, craignant de tomber entre les mains des vaincus (1).

Dans la nuit du 10 février 1807 et les suivantes, à plus d'une lieue à la ronde on y voyait comme en plein jour, à la lueur des bivacs de l'armée russe. Du haut des remparts, où cette clarté faisait ressortir les noires silhouettes des canons, cette illumination offrait un coup d'œil dont les habitants de la ville goûtaient peu le charme pittoresque. On ne doutait plus d'une

1. Un incident assez curieux avait signalé ce brusque départ. Au moment de l'arrivée du Roi, le palais, depuis longtemps inhabité, avait été garni d'urgence avec différents meubles empruntés aux plus riches maisons de la ville. Aussitôt qu'on commença à parler du départ de la famille royale, de l'arrivée probable et prochaine des Français, les habitants qui avaient prêté des meubles s'empressèrent de venir les réclamer, craignant que le palais ne fût mis au pillage par les vainqueurs. Des gens chargés de faire ce déménagement étaient si pressés, qu'ils pénétrèrent jusque dans le cabinet du roi, tandis que ce prince y était encore !... Après Pultusk comme après Eylau , les Kœnigsbergeois en furent quittes pour la peur.

prochaine attaque et d'un nouveau succès de l'ennemi. Ce fut bien pis encore le 11 au matin, quand on apprit que les éclaireurs français n'étaient plus qu'à deux lieues de Kœnigsberg !

Toute cette journée et la nuit se passèrent dans des transes continuelles. Les uns étaient toujours en quête de nouvelles et n'osaient rester en place ; d'autres au contraire demeuraient immobiles, tressaillant au moindre bruit. Des officiers russes se faisaient un malin plaisir d'augmenter cette panique par les propos les plus alarmants. On disait aussi que tous les riches quittaient la ville à petit bruit. La princesse de Solms elle-même, qui avait promis de rester, demanda des chevaux de poste ; mais elle s'empressa de donner contre-ordre, voyant l'impression que produisait son départ. Beaucoup de gens, considérant comme prochaines l'attaque et l'invasion des troupes françaises, avaient commencé à se barricader chez eux..... « Nos soldats, disaient quelques officiers prisonniers, ne s'arrêteront pas dans leur élan pour enfoncer des portes ; il sera temps de leur ouvrir quand le premier emportement sera passé. » Néanmoins la nuit suivante fut calme, et, le 12 au matin, on commença à respirer plus librement. Bientôt on sut positivement que l'armée française rétrogradait.

La plupart des historiens ont loué, dans cette occasion, la prudence de Napoléon. Mieux renseigné sur la situation des Russes, il eût peut-être agi autrement. Tous les documents de source allemande s'accordent sur ces deux points : que le moral des Russes était profondément ébranlé, et que les munitions leur manquaient. L'occupation de Kœnigsberg, opérée après la bataille d'Eylau, aurait pu déterminer la conclusion de la paix quatre ou cinq mois plus tôt, et sans doute avec des conditions moins défavorables à la Prusse. Ce fut la retraite de Napoléon qui fit revivre les prétentions de ses adversaires à la victoire (1).

Pendant les jours de calme relatif qui suivirent, des améliorations importantes furent introduites dans le régime des blessés. L'histoire, si prodigue d'éloges pour les grands destructeurs d'hommes, oublie trop souvent les noms de ceux qui se dévouent pour arracher à la guerre des victimes. Le nom de Larrey se rencontre rare-

1. Voir ci-après quelques détails sur la curieuse démarche de Napoléon auprès du roi de Prusse après la bataille d'Eylau, démarche que presque tous les historiens français ont passée sous silence.

ment dans les livres allemands, et je ne pense pas qu'aucun écrivain français ait nommé jusqu'ici le chirurgien en chef prussien Gœrke. Mandé en toute hâte de Berlin, cet homme de bien arriva le 11, et prit aussitôt la direction supérieure du service de santé. C'était, dit-on, le seul homme capable de prendre et de faire exécuter des mesures salutaires, d'établir quelque ordre dans ce chaos. Grâce à ses démarches, les Russes se décidèrent à prendre la charge de leurs malades, qu'ils avaient paru oublier jusque-là ; et encore ils les laissèrent jeûner plus d'une fois. Les gens de la ville continuèrent à s'occuper de leurs nationaux et des prisonniers français. Comme tous les édifices publics étaient combles et qu'il arrivait toujours des blessés, on construisit pour ceux-là de grandes baraques vitrées sur le Haberberg ; les derniers venus se trouvèrent les mieux installés. Chaque malade avait sa couchette, sa paillasse, une couverture de laine : c'était du luxe, en comparaison des premiers jours.

Les prisonniers français appartenaient presque tous au corps d'Augereau. On leur avait affecté spécialement l'église française protestante, qui était pour eux un souvenir de la patrie. La princesse de Solms et d'autres personnes riches pourvoyaient à leurs besoins avec un zèle dont la charité n'était peut-être pas l'unique mobile. Toutes les fois qu'un détachement de ces prisonniers entrait en ville, la foule se pressait sur leur passage. « Quelques-uns pestaient contre leur mauvais sort, contre les Allemands, contre le pain, qui véritablement n'était pas de première qualité. Mais la plupart avaient conservé leur sang-froid, leur gaieté, criaient : *Vive l'Empereur ..... quand même !* et se montraient fiers, dans leur malheur, d'appartenir à la grande nation. » Cette fierté allait chez plusieurs jusqu'à refuser l'argent qu'on leur offrait surtout quand la somme n'était pas honorable.

Les Russes, qui prétendaient plus que jamais avoir vaincu à Eylau, ne négligèrent pas d'exhiber, à l'appui de leur version, deux aigles du corps d'Augereau. Leur apparition fut un véritable événement; une curiosité émue, voisine du respect, faisait à ces aigles captives une entrée presque triomphale.

Malgré l'éloignement momentané des armées belligérantes et le retour du Roi, Kœnigsberg conservait un aspect tout guerrier. On y organisait, aux frais des habitants, un corps franc qui n'eut pas le temps d'entrer en campagne. Il y avait aussi en ville un grand nombre d'officiers russes convalescents ou en permission. Ils montraient beaucoup de jactance, se posaient en sauveurs de Frédéric-Guillaume, et vivaient en fort mauvaise intelligence avec les Prussiens, qu'ils accusaient d'ingratitude. Ceux-ci les payaient de retour, et, dans ces derniers temps, cette phrase : « *lieber Franzosen als Russen*, plutôt les Français que les Russes », était devenue un dicton populaire dans les contrées où ces derniers avaient passé. Ceci est attesté dans des écrits postérieurs à la paix de Tilsitt, et par conséquent fort hostiles à la France. La population de Kœnigsberg surtout était révoltée de l'insolence, de la malpropreté de ces alliés, de leur avidité. Les églises qui leur servaient d'hôpitaux furent horriblement dégradées, et faillirent brûler plusieurs fois. Ils y entretenaient de grands feux avec les bancs, qu'ils brisaient pour en retirer et vendre les ferrures. Bientôt les miasmes s'exhalant de ces tas de malades immondes engendrèrent le typhus, qui emporta plus de dix mille de ces malheureux, des centaines de chirurgiens et d'infirmiers. L'épidémie s'étendit à la ville entière, et chaque famille eut son deuil.

Parfois tout un quartier était envahi par une fumée noire, infecte. Elle provenait de la combustion des vêtements de soldats morts dans les hôpitaux. Il était expressément défendu de se servir de ces défroques ; on les portait hors de la ville et on y mettait le feu. Pendant plusieurs mois on put voir, non loin de la porte de Gumbinnen, un de ces hideux monceaux de dépouilles qui se consumait lentement...

Telles sont les réalités de la guerre !

XIV

Excursion sur le champ de bataille, et dans la ville d'Eylau, après la retraite des Français. — Situation déplorable des habitants. — Anecdotes diverses. — Souffrances et gaieté persistante des Français pendant cette campagne d'hiver. — La veuve du colonel X..., tué à Eylau. — Démarche curieuse et peu connue de Napoléon auprès du roi de Prusse, à la suite de cette bataille.

Dès qu'on eut acquis la certitude que les Français avaient abandonné Eylau, quelques curieux partirent avec l'avant-garde russe, qui se reportait dans cette direction. « Amis et ennemis, dit l'un d'eux, semblaient s'être concertés pour nous faire connaître l'horreur de la guerre. Dans les environs de Kœnigsberg, c'était surtout nos alliés que l'on maudissait. Les Russes avaient saccagé les habitation pour entretenir leurs feux, consommé ou gaspillé les provisions des paysans, arraché les couvertures de chaume pour la litière des chevaux. » Dans leur démonstration sur Kœnigsberg, les Français n'avaient pas dépassé le village de Jessau. Les éclaireurs de Murat, installés dans la maison du pasteur qui avait pris la fuite avec ses ouailles, n'y trouvant pas assez de combustible, avaient fourragé la bibliothèque, et fait un terrible auto-da-fé de théologie protestante. Les gens de Kœnigsberg, arrivant à leur tour dans ce logis, entendirent des gémissements qui semblaient venir du ciel, et découvrirent dans les combles une femme paralytique à demi morte de faim. C'était la sœur du ministre, que son infirmité avait empêchée de l'accompagner dans sa fuite.

N'osant faire du bruit ni appeler du secours tant qu'elle entendait parler une langue étrangère, elle avait vécu pendant plusieurs jours d'une poignée de farine et d'un peu d'eau qui se trouvaient à sa portée. Les voyageurs firent part de leurs provisions à cette infortunée et « virent passer un éclair de joie dans ses yeux pleins de larmes ».

Bientôt l'aspect des lieux où l'on s'était battu avec le plus d'acharnement vint mettre leur sensibilité à de plus rudes épreuves. Le village de Klein Sausgarten, tour à tour enlevé aux Russes par les Français, à ceux-ci par les Prussiens qui finirent par le reperdre, n'était plus qu'un monceau de ruines. La ville d'Eylau, où nul secours n'était encore parvenu, offrait plus d'une scène digne du burin de Callot. « Les misères et malheurs de la guerre » étaient là en plein relief. Le pain, la viande, le vin, la bière, le tabac (objet de première nécessité dans cette froide région) faisaient absolument défaut. Des figures hâves, déguenillées, pareilles à des ombres, vaguaient par les rues. Cette ville avait été, comme on sait, prise d'assaut sur les Russes, la veille de la grande bataille. Pendant plusieurs jours, il était resté des morts dans la plupart des maisons ; et l'on y respirait encore une odeur infecte. Il en était de même, à plus forte raison, de l'église, naguère transformée en ambulance et témoin de tant d'agonies. Nos voyageurs, munis de mouchoirs fortement imbibés de vinaigre, se hasardèrent dans cette enceinte désolée. Les boulets russes avaient percé à jour toute la partie de l'édifice tournée vers le cimetière, ce cimetière lugubre entre tous, qui vit en peu d'heures plus de morts entassés à sa surface, qu'il n'en avait reçus dans son sein pendant une longue suite de siècles. On prétendait que Napoléon avait abandonné Eylau à la merci du soldat, interdisant seulement le meurtre, le viol et l'incendie. Cette assertion nous paraît controuvée. Le combat livré dans la ville le 7 au soir, l'alimentation des feux pour tant de troupes concentrées dans un espace si restreint, suffisent pour expliquer les dévastations. Toutefois, là comme ailleurs, on avait dû tolérer bien des désordres pendant l'effervescence du combat.

Presque toutes les maisons avaient été reconstruites en pierre à la suite d'un grand incendie qui avait eu lieu en 1803. Aussi le feu, mis plusieurs fois par l'artillerie russe dans la journée du 8, avait fait peu de dégât parmi ces constructions nouvelles. En revanche, il n'en subsistait plus guère que les quatre murs : armoires, boiseries, portes, fenêtres, tout ce qui était de bois avait été disloqué, arraché. Sur ce sol trempé de sang et de larmes, la guerre, niveleuse impitoyable, avait installé l'égalité du dénûment. Riches et pauvres mordaient uniformément au même pain noir, un pain que toutefois les Parisiens les plus opulents eussent envié peut-être, soixante-trois ans plus tard ! Tous ces habitants d'Eylau buvaient la même neige fondue, bourraient à l'envi leurs pipes de feuilles de houblon. Toutes les vaisselles étaient en miettes ; ces infortunés ne possédaient plus, en fait de vêtements, de chaussures, que ce qu'ils portaient au moment de leur fuite, ou ce qu'ils avaient enlevé aux morts. Il y a, dans la relation que nous avons sous les yeux, un mot qui peint avec une naïveté terrible l'état de cette population. « En quittant ces malheureux, la vue du champ de bataille fut pour moi un *soulagement*. Là, du moins, personne ne souffrait plus.

C'était pourtant ce même champ de bataille dont l'aspect avait arraché à Napoléon l'exclamation célèbre : « Voilà un spectacle fait pour inspirer aux princes l'amour de la paix (1) ! » L'horreur de cette scène, dont le tableau de Gros a immortalisé le souvenir, s'était plutôt renforcée qu'amoindrie dans les premiers jours. Pendant la revue funèbre du lendemain de la bataille, une réaction pareille au souffle de la vision d'Ezéchiel se manifestait sur le passage

1. La *Correspondance* nous fournit encore un témoignage non équivoque de l'impression que ce spectacle avait produit sur Napoléon. C'est la note *olographe* (circonstance unique à cette époque) que l'on trouve reproduite à la date du 12 février (nº 11800). « Un père qui perd ses enfants ne goûte aucun charme de la victoire. Quand le cœur parle, la gloire n'a plus d'illusions. »

de l'Empereur. Les moribonds se soulevaient pour l'acclamer une dernière fois : encouragés par sa présence, les chirurgiens faisaient à leur tour preuve d'héroïsme. Ils quêtaient vaillamment la vie parmi les cadavres, surprenaient les derniers battements de pouls, les dernières respirations; disputaient corps à corps des victimes à la destruction. Huit jours plus tard, la mort seule régnait en souveraine dans ces parages, où pour la première fois l'hiver, auxiliaire fatal des Russes, s'était sérieusement essayé contre nous. Tout le terrain entre Eylau et Schmoditten, où la division Augereau, surprise et aveuglée par un ouragan de neige, était venue s'échouer contre les batteries russes et se faire écharper à bout portant, où l'effort suprême de Murat avait vengé et presque réparé cette catastrophe, était jonché de cadavres d'hommes, de chevaux, de débris d'armes, de tambours, de roues brisées. Çà et là, dans les parties ravinées, un linceul de neige voilait à demi ce hideux chaos. « Je trébuchai dans un de ces creux, dit le narrateur ; en cherchant à me retenir, ma main se trouva en contact avec quelque chose de plus froid que la neige, le visage d'un mort! » Dans cette vaste étendue, quelques rares objets sem

blaient seuls en mouvement : c'étaient des soldats russes, des juifs, chacals à face humaine, en
quête des dernières épaves, ferrures, boutons
d'uniformes, *capucines* en cuivre des fusils.

L'auteur de cette relation fut témoin de deux
incidents, l'un burlesque, l'autre absolument
tragique. Deux soldats suivaient à pas de loup
un juif fort absorbé dans sa recherche ; quand il
eut récolté un ample butin, ils l'assaillirent, vi-
dèrent ses poches et lui administrèrent une volée
pour l'engager à se taire. Ce procédé est à peu
près celui qu'emploient aujourd'hui les *Bushran-
gers* d'Australie, qui trouvent plus commode de
détrousser les mineurs au retour des placers,
que de travailler eux-mêmes à l'extraction de
l'or. Seulement ces amateurs tuent généralement
ceux qu'ils volent, pour mieux s'assurer de leur
silence.

L'autre incident est une de ces rencontres
providentielles qui devraient faire réfléchir les
libres penseurs. La plupart des morts étaient
couchés la face contre terre ; il fallait par conséquent les retourner pour arracher les boutons
de l'uniforme. Un des soldats les plus acharnés
à cette quête poussa tout à coup un cri terrible,
et se jeta à corps perdu sur le cadavre que ma-

niaient ses mains sacriléges, et dont ses regards venaient de rencontrer le visage livide. On l'entendit proférer ces mots entrecoupés de sanglots : *moy brat !* Le mort qu'il dépouillait était son frère.

Ce même champ de carnage avait été honoré, le lendemain de la bataille, par un trait de dévouement conjugal qui eut un grand retentissement, et donna aux Allemands une haute idée de la fidélité des dames françaises. La femme de l'un des colonels du corps d'Augereau n'avait pas voulu se séparer de son mari : d'étape en étape elle l'avait suivi, et s'était installée le 7 au soir dans une maison d'Eylau, où il devait lui faire parvenir de ses nouvelles. Elle resta là, en proie à une anxiété croissante, pendant toute la bataille du lendemain. La nuit était venue, la terrible canonnade avait cessé, la pauvre femme attendit vainement toute la soirée, toute la nuit ! Aux premières heures du jour elle courut à l'église, puis partout où l'on avait déposé des blessés ; toutes ses recherches furent vaines. Alors, se sentant veuve, mais soutenue par l'espoir de retrouver au moins le corps de son bien-aimé, elle se lança dans l'horrible champ de bataille, recommençant, à huit siècles de distance, la recherche ardente et désespérée de l'amante du roi Harold dans la plaine d'Hastings. Elle allait au hasard, trébuchant à travers la neige, les équipages disloqués, les monceaux de morts, quand la pitié de Dieu amena vers elle un officier qui put lui indiquer la direction dans laquelle le régiment de son mari avait donné et péri. Enfin, après plusieurs heures d'investigations parmi des cadavres déjà dépouillés, elle trouva celui qu'elle cherchait. La figure était déjà si altérée, qu'elle ne l'eût pas reconnu, sans une ancienne cicatrice qu'il avait à la poitrine. Elle craignait tant de ne jamais le revoir, même en cet état, que cette découverte lui inspira une sorte de joie amère, et lui donna la force de regagner la ville, portant, ou plutôt traînant à elle seule son précieux fardeau. Nul, en effet, ne l'aidait dans sa tâche funèbre ; chacun n'avait souci que de ses propres maux...

Cette femme héroïque fit embaumer son mari et le rapporta dans sa patrie. « Je n'ai plus, disait-elle, d'autre bonheur à espérer que celui de ne pas longtemps lui survivre... »

L'authenticité de cette histoire paraît incontestable. Elle fut insérée dans plusieurs journaux de Berlin de février et mars 1807, notamment dans l'*Ami de la maison*, peu suspect de partialité à notre égard, puisque les rédacteurs de cette feuille furent punis quelque temps après de quinze jours de prison, pour avoir publié des nouvelles qui nous étaient défavorables. L'histoire de la veuve du colonel X... se retrouve dans plusieurs publications du temps ; elle eut même les honneurs d'une gravure malheureusement fort médiocre. Ce fait doit évidemment se rapporter à l'un des trois colonels cités dans le Bulletin d'Eylau, Lacuée, Lemarrois et Bouvières (1).

Nous trouvons encore dans d'autres récits contemporains quelques détails consolants. Nous y voyons que le lendemain de la bataille et les jours suivants, nos soldats avaient secouru de tout leur pouvoir les habitants d'Eylau. On vit plus d'un Français partager ses rations avec des

1. Les tristes annales de la guerre de 1870 nous fournissent un trait peut-être plus admirable encore : celui de cette pauvre femme, de cette mère qui, n'ayant plus de nouvelles de son fils depuis les premiers combats, partit d'un village des Pyrénées, s'en alla explorant les champs de bataille, les hôpitaux, les trop nombreux dépôts de prisonniers, et finit par retrouver sain et sauf sur les frontières de Russie l'enfant qu'elle désespérait de revoir. Il est bon que de tels dévouements aient parfois leur récompense dès ce monde.

gens dont il avait peut-être saccagé la demeure dans les premiers moments. Ces réactions généreuses ne sont pas rares, Dieu merci, dans notre histoire militaire. Elles se rencontrent moins fréquemment dans les fastes d'autres armées, où tout, même les actes de destruction les plus odieux, s'exécute méthodiquement, mécaniquement, par l'effet d'une consigne.

Des secours arrivèrent bientôt de Kœnigsberg. Cette fois encore, la princesse de Solms eut les honneurs de l'initiative ; ce furent ses gens qui apportèrent à Eylau le premier convoi de vivres et d'habillements.

Un mois après, il restait encore des cadavres à enterrer de toutes parts. Dans les environs d'Eylau, comme dans ceux de Pultusk, on rencontrait à chaque pas des carcasses de chevaux... La plupart de ceux des paysans avaient été mis en réquisition pour les charrois, et ne revinrent jamais. A peine de retour dans leurs maisons dévastées, les habitants d'Eylau avaient eu à supporter de nouvelles charges de logements militaires de la part des Russes. La *malaria*, la disette ou la mauvaise qualité de la nourriture, les peines morales venant à s'ajouter aux souffrances physiques, développèrent dans la contrée une épidémie qui emporta un quart de la population.

Le récit d'un dernier voyageur qui visita le pays dans l'été de 1808 amortit un peu ces tristes impressions. « Je m'attendais, dit-il, à ne rencontrer que champs incultes, villages incendiés ou déserts, amas de squelettes... La plupart de ces hideux vestiges ont disparu, sauf quelques *tumuli* significatifs. Cette plaine, où tant d'hommes ont péri, a repris son aspect ordinaire. Seulement, à Eylau et dans les villages les plus voisins, on voit encore çà et là des traces d'incendie, de boulets, quelquefois aussi la carcasse d'un cheval, dans laquelle la fracture des os indique l'endroit où la pauvre bête fut frappée... »

Les récits des souffrances endurées par les gens d'Eylau avaient circulé dans toute la Prusse ; aussi le voyageur s'attendait à jeûner et à coucher sur la dure. Il fut agréablement surpris de trouver un excellent repas et un bon lit dans l'hôtel tenu par la veuve du bourgmestre Janotzk. C'était là qu'avait logé Napoléon, ce qui n'avait pas empêché le pauvre bourgmestre de mourir des suites d'un refroidissement qu'il avait attrapé en courant jour et nuit, dans le plus simple appareil, chercher des chevaux pour le service de l'artillerie.

Ces récits contemporains de la campagne d'hiver nous suggèrent encore une remarque utile. Les événements militaires y sont généralement appréciés avec plus d'impartialité qu'ils ne le furent plus tard, quand à l'humiliation de la défaite se joignit le ressentiment des mutilations de Tilsitt. Ainsi, bien que fiers du rôle joué dans la soirée du 8 février par le corps de Lestocq, les Prussiens les plus sensés se refusaient à admettre que Benningsen aurait pu prendre sa revanche le lendemain avec le concours de ce général. Ils faisaient observer que d'après le rapport même de Lestocq, l'armée russe était à la fin du jour dans un désarroi complet, car Benning-en, sachant bien l'arrivée du corps auxiliaire prussien, ne lui avait envoyé aucun ordre. C'était de lui-même que Lestocq avait exécuté l'attaque sur Kuschitten, qui interrompit le mouvement décisif de Davout, et sauva les Russes d'une entière destruction.

Benningsen était jugé sévèrement, non-seulement par les Prussiens, mais par ses propres soldats. On lui reprochait sa mollesse, sa subordination absolue aux volontés de sa femme, qui « le tenait captif sous sa pantoufle »; n'étant occupée, disait-on, qu'à le détourner de toute résolution énergique, comme de tout endroit périlleux, lui représentant sans cesse qu'il en avait fait assez pour sa gloire. « C'était un Fabius, disaient les érudits, mais un Fabius malavisé, dont les temporisations avaient au contraire tout perdu.

> Fabius cunctator cunctando restituit rem,
> Benningsen cunctator cunctando perdidit rem.

« Ce n'est pas lui, disait-on encore, qui a fait obstacle au génie de Napoléon à Pultusk, à Eylau ; c'est la bravoure opiniâtre des Russes ; c'est surtout ce dégel imprévu qui, après la bataille de Pultusk, avait effondré toutes les routes, intercepté les convois... »

Mon père, qui avait fait cette campagne, m'a parlé bien souvent de ce terrible dégel. Sur certains points, la terre était si profondément détrempée que les éclaireurs des deux parties restaient parfois immobiles en présence les uns des autres, embourbés jusqu'aux aisselles. Le ravitaillement était devenu aussi impossible que les opérations de guerre. La garde elle-même eut pour la première fois à souffrir de la faim. Mon père se souvenait d'avoir vu, dans je ne sais quel château, le grand écuyer (Caulaincourt), grimpé sur un piano en manière d'estrade, procédant à la distribution d'un sac de pommes de terre, avec lequel il fallait contenter deux bataillons de grenadiers. On racontait que le matin, passant en revue ces grognards plus renfrognés que jamais, l'Empereur leur avait dit en désignant les fameux bonnets à poil : « Vous voudriez bien que tout cela ne fut que marmites ! — Et quand ce seraient des marmites, répliqua l'un d'eux, est-ce que nous avons quelque chose à..... mettre dedans ? »

Les ressources étaient à peu près nulles dans ce pays naturellement pauvre et déjà épuisé par les passages des Russes. Il n'était resté dans les chaumières, de ce côté, que des vieilles femmes qui, à toutes les demandes des soldats, répondaient invariablement *nimâ !* mot équavalent au célèbre *nix !* (nichts, rien), si souvent répété chez nous en 1870.

Les officiers envoyés en mission d'un quartier à l'autre avaient à subir, dans les traversées de forêts, l'escorte de loups affamés sur lesquels on n'osait faire feu, crainte d'attirer d'autres animaux plus dangereux encore, — les Cosaques.

Cependant les privations n'avaient nullement

ébranlé le moral de l'armée ; l'impression des précédents succès était encore trop récente et trop vive. Nos soldats finissaient même par rire de cet éternel *nimâ* ! On avait fait là-dessus une chanson qui commençait ainsi :

> En entrant en Pologne,
> J'ai demandé : *Klébâ* (du pain) !
> Une vieille ....
> M'a répondu : *Nimâ* !

Suivait la nomenclature d'autres objets de première nécessité, dont la demande était toujours accueillie négativement. C'était seulement quand on se réduisait à de l'eau pure, que la bonne femme changeait son mot et répondait : *Woda* (tout de suite) !

Cette chanson soldatesque était venue jusqu'à l'Empereur. Pendant son séjour à Pultusk, les soldats de la garde lui criaient à la parade du matin *Papa : Klébâ !* Il ne manquait pas de riposter *Nimâ !* et cette réplique avait le privilége de derider un moment les grognards.

Napoléon n'était certainement pas arrivé à ses fins dans cette campagne d'hiver, puisqu'il n'avait pu rejeter les Russes au delà du Niémen. Un contemporain a résumé assez spirituellement la polémique sur Eylau dans ces termes : « Ce fut une journée où l'on fut complétement battu de part et d'autre. » Suivant un écrivain plus impartial, bien que Prussien, « Eylau n'avait été ni une victoire ni une défaite, mais une de ces boucheries douteuses qui deviennent une victoire le lendemain pour l'audacieux qui se l'arroge et qui la poursuit. Cependant, ajoute avec raison le même écrivain, une bataille indécise était bien plus fâcheuse pour les Français que pour les Russes. Les Français avaient derrière eux des forteresses que nous occupions encore, des communications fatigantes, une province dévorée. Les difficultés de la saison, du terrain, étaient neuves pour leurs soldats. Les Russes, au contraire, étaient à la source de leurs moyens. Le climat était le leur. Ils avaient Kœnigsberg, la mer, l'abondance...., des retraites sûres si la fortune leur tournait le dos. La situation des Français aurait pu devenir difficile, s'il y avait eu entre les généraux en chef une moindre disproportion de talents, d'activité, d'audace (1). »

Napoléon lui-même en jugeait sans doute ainsi,

1. *Matériaux pour servir à l'histoire des années* 1805, 1806 et 1807, page 196. Cet ouvrage publié *en français* à Francfort et Leipzig en 1808, sous le voile de l'anonyme, était de Lombard, ci-devant conseiller privé du roi de

quand, d'Eylau même, il envoyait l'un des futurs compagnons de son exil, le général Bertrand, proposer au roi de Prusse de signer immédiatement et directement un traité de paix qui lui aurait rendu ses États jusqu'à l'Elbe. Cette démarche « aigre et douce », suivant l'expression de Napoléon lui-même, est indiquée nettement dans la *Correspondance*, sous la date du 13 février (n° 11810), où l'on trouve les instructions remises au général Bertrand, et le projet, dicté par l'Empereur, du « discours de cet envoyé au roi de Prusse ». Il devait et a dû s'exprimer dans les termes suivants :

« Sire, l'empereur Napoléon m'envoie près de Votre Majesté pour lui offrir de la remettre en possession de ses États. Il veut avoir la gloire de finir les malheurs qui pèsent sur huit millions d'hommes. Il veut que *les enfants de Votre Majesté* et son peuple reconnaissent qu'il s'est porté à cette démarche par esprit de véritable gloire, par souvenir de l'amitié que Votre Majesté lui a montrée en d'autres circonstances, et enfin il attache du prix à ce que ce rétablis-

Prusse. On sait que Lombard avait été jusqu'au bout partisan de l'alliance française.

sement soit l'effet de sa politique et de son amitié ! Il croit ces sentiments propres à effacer dans l'esprit *de votre maison* et dans celui de vos peuples le souvenir des événements qui viennent de se passer, et à cimenter entre les deux nations une éternelle amitié, que veulent leur situation et les circonstances territoriales où elles se trouvent. »

Le général Bertrand alla jusqu'à Memel, où le roi était alors réfugié avec sa famille. « Mais il était trop tard pour s'entendre. Le Roi, entouré des armées russes et ne possédant plus dans sa monarchie qu'un coin de terre, eût en vain prêté l'oreille à ces offres. Son sort était dans les mains de son alliée : lui-même n'avait plus de résolutions à prendre (1) ». Ainsi s'exprime, à propos de cette démarche, le seul auteur qui en ait parlé avant la publication de la *Correspondance*, l'ancien conseiller intime du roi de Prusse. Il est probable aussi que la nouvelle du mouvement rétrograde de l'armée française ne fut pas étrangère à la détermination de ce souverain. Il n'en eût pas sans doute été de même, si l'occupation de Kœnigsberg avait suivi immédiatement la bataille d'Eylau. Mais alors cette dé—

1. Lombard, *Matériaux* etc., p. 201.

marche aurait-elle été faite? Il est permis d'en douter (1).

1. Le roi de Prusse fit une réponse évasive dans laquelle il alléguait l'impossibilité de se séparer de ses alliés, et proposait un Congrès. Il a dû regretter amèrement, quelques mois plus tard, de n'avoir pu accepter la proposition de Napoléon.

XV

« De toutes nos forteresses, dit l'auteur des *Vertraute Briefe*, cinq seulement n'ont pas été prises. Toutes les autres ont succombé après avoir été défendues, les unes bien, comme Dantzig et Cassel ; d'autres médiocrement, d'autres pas du tout ! » Parmi ces dernières figure au premier rang Custrin, dont le commandant Ingersleben fut justement puni de mort. Voici, d'après un témoin oculaire, comment les choses se passèrent dans cette place.

Au début, la population de Custrin, comme celles de Berlin et de Kœnigsberg, s'attendait à une victoire prussienne plus éclatante que Rosbach. Le 18 octobre, on apprit la vérité sans cependant y croire encore ; et, dès le lendemain, le commandant reçoit l'ordre bien tardif de mettre la place en état de résister, sinon à un siége en règle, du moins à un coup de main.

On interdit en conséquence aux habitants l'accès des remparts, et l'on commença à faire quelques préparatifs de défense, à miner le pont de l'Oder, à raccommoder quelques affûts ; mesures bien insignifiantes, mais qui confirmaient les nouvelles sinistres déjà répandues dans la ville.

L'arrivée du Roi dans la matinée du 20 produisit un effet indescriptible. Il était accompagné du prince de Saxe-Cobourg, du comte d'Haugwitz, des généraux de Zastrow et de Kœckeritz. En descendant de voiture, il dit aux autorités civiles et militaires : « c'est un bien malheureux événement qui m'amène ici... » L'alarme était déjà partout. Pendant toute la journée, les habitants des faubourgs et de la banlieue affluèrent dans la ville avec tout ce qu'ils avaient pu emporter de mobilier.

Vers dix heures du soir, la reine arriva de Stettin, accompagnée du baron, futur prince de

Hardenberg. Depuis huit jours elle fuyait, pour-chassée de place en place par les nouvelles effrayantes qui se succédaient sans relâche. Plusieurs maîtres de poste ayant déjà emmené leurs attelages dans les bois, la Reine avait été obligée de faire de longues et pénibles stations dans plusieurs villages, et même de doubler le dernier relai, celui de Barwald, avec des chevaux épuisés de fatigue.

« Le lendemain matin, le couple royal visita les fortifications avec le commandant. On ne pouvait voir sans émotion cette princesse infortunée, les yeux rougis par les larmes et l'insomnie, marcher auprès du roi sous un ciel pluvieux. La tête basse, perdue dans ses tristes pensées, elle semblait ne rien voir de tout ce qui se passait autour d'elle. » Il fallait aussi que le roi fût bien préoccupé pour ne pas remarquer l'attitude singulière du commandant, qui paraissait étranger à tous les détails de sa forteresse, au point d'être obligé de recourir à un subalterne, pour indiquer au roi les noms des divers ouvrages de défense. Il paraît que cet homme, abruti par des excès de toute nature, était, dans ces graves circonstances, encore plus ivre que d'habitude.

Les jours suivants, il vint des troupes de

Berlin, de Francfort. Tout un bataillon d'artillerie arriva à travers champs ; il avait pris la fuite sur un faux bruit de l'apparition des Français. Puis on vit paraître des fuyards, des blessés de Halle et même d'Iéna ; aucun de ceux-là n'avait conservé ses armes. Il y avait déjà dans la place plus de quatre mille hommes de troupes, mais ils auraient eu grand besoin d'un commandement énergique. La population des environs continuait à refluer en ville, au point d'interrompre la circulation. Les habitants se hâtaient de transporter leurs effets dans les caves, s'attendant à un prochain bombardement. Mais l'idée d'une reddition immédiate, sans aucune résistance, n'était encore venue à personne.

Dans la matinée du 26, le couple royal fit à la population de tristes adieux. Le Roi, en partant, recommanda au commandant de tenir jusqu'à la dernière extrémité. « Que Votre Majesté me perce de ma propre épée, répondit Ingersleben, si je rends Custrin avant un an ! » Il paraît que cet homme trahit ses maîtres à bout portant, le jour même de leur départ. Dans la soirée, un officier français parut accompagné d'un trompette, et repartit après avoir causé mystérieusement plus d'une heure avec le commandant.

Le lendemain, on apprit par quelques habitants échappés de Francfort l'entrée d'une avant-garde française dans cette ville. Dans la nuit du 29 au 30, un paysan vint dire qu'il y avait trois chasseurs français au village de Munschenow, à une petite lieue de Custrin. On y envoya quelques cavaliers, qui ramenèrent en effet ces éclaireurs trop peu vigilants, qu'ils avaient surpris dormant d'un profond sommeil. « Ce furent nos premiers prisonniers, ce furent aussi les derniers », dit mélancoliquement le bourgeois de Custrin dont nous analysons le récit.

Le même jour, vers midi, on entendit crier : « les Français arrivent! » Plusieurs habitants montèrent au clocher, et assistèrent à toutes les péripéties de l'escarmouche engagée entre un peloton de hussards prussiens, et un petit détachement français débouchant de Munschenow. Vers quatre heures, les hussards, vivement pressés, se replièrent, et le commandant donna l'ordre de détruire le pont de l'Oder ; mais le feu, mis avec négligence, ne fit qu'un dégât insignifiant. « Ce fut un bonheur, puisque la place devait succomber si vite. » Les tirailleurs français étaient déjà logés dans le faubourg : le commandant d'artillerie demanda l'autorisation d'y jeter quelques bombes ; elle lui fut refusée ! Ingersleben passa la nuit dans une casemate avec ses compagnons de débauche ordinaires, et s'enivra, dit-on, mieux que jamais. La garnison, qui naturellement avait été sur pied toute la nuit, reçut le matin l'ordre de rentrer dans ses quartiers. Un chef de bataillon dit : « Il y a de la capitulation en l'air ! »

Le lendemain 1er novembre, on vit en effet l'indigne commandant, accompagné de l'ingénieur et d'un trompette, traverser l'Oder en bateau, et le chef français venir à sa rencontre. Ils se dirigèrent ensemble vers une maison du faubourg, et, peu de temps après, le commandant revint en compagnie de quelques Français. Tout était fini... On a parlé de l'indignation, du désespoir des soldats, de reproches amers adressés au commandant, impassible dans sa honte. Il faut convenir qu'il aurait mérité mieux que des reproches. Le passage du pont se trouvant alors intercepté par l'incendie de la veille, le complaisant Ingersleben envoya des embarcations qui eurent bientôt fait de transporter dans la ville les deux cent cinquante Français devant lesquels *quatre mille hommes* déposèrent les armes. L'officier qui commandait ce détachement se nommait Petit ; c'est le même qui, devenu *général*, figura en 1814 dans la scène célèbre des adieux de Fontainebleau (1).

Cette affaire de Custrin est le type des capitulations honteuses. Celle de Hameln offre des particularités intéressantes et peu connues. Il en existe deux relations dues à des témoins oculaires, et qui pourtant diffèrent essentiellement sur quelques points ; l'une est du syndic de la ville, nommé Lüders, l'autre est de l'officier du génie de Rheden, qui faisait partie de la garnison. Cette dernière semble la plus impartiale. Le commandant, homme sans caractère, flottait entre les menaces des parlementaires ennemis et l'opposition énergique d'une partie de ses officiers. Il jurait de ne jamais se rendre, en sortant de discuter les articles de la capitulation, un beau jour, laquelle, se trouva signée. Le syndic Lüders, comme bien d'autres bourgeois qui ha-

---

1. Ingersleben fut condamné à mort, ainsi que le commandant de Stettin, dont la faiblesse, peut-être moins criminelle, eut des conséquences encore plus désastreuses. Quelques gens superstitieux se souvinrent que le misérable gouverneur de Custrin avait fait faire récemment dans le jardin du fort une sorte de tonnelle portant cette épigraphe : *Memento mori*, qui semblait le pressentiment d'une fin prochaine.

bitent des places fortes, se croit né ingénieur, et raisonne fortifications à tort et à travers. Il maltraite fort les militaires, et ne fait exception que pour un seul, le *respectable* lieutenant-colonel Hammelberg. De Rheden, au contraire, soutient que cet officier fut précisément l'instigateur principal de la capitulation, et explique les égards de Lüders par cette considération assurément puissante, qu'Hammelberg était son locataire. La veille du jour où la place devait être remise aux Français, les troupes se révoltèrent, criant assez justement à la trahison. Mais il ne se trouva aucun officier assez énergique ou assez aimé pour donner à ce mouvement une direction honorable. Il s'éteignit faute d'aliment, après quelques scènes regrettables de pillage et d'ivresse.

La reddition de Magdeburg (novembre), avec ses vingt-deux mille hommes de troupes et son immense matériel, mit le comble aux désastres de la monarchie prussienne. Le vieux général de Kleist, gouverneur de cette ville, n'était ni un traître ni un lâche, c'était un homme absolument usé. Un de ses aides-de-camp, qui eut le courage de publier une sorte d'apologie de sa conduite, affirma qu'il était malade, presque mourant aux eaux de Pyrmont, quand la nouvelle du désastre d'Iéna le rappela à son poste, et qu'il avait eu à peine la force de faire ce voyage. Mieux eût valu, pour la Prusse et pour lui-même, que la force lui manquât tout à fait. On disait qu'un certain nombre d'officiers inférieurs avaient projeté de s'opposer à la capitulation, qu'ils étaient sûrs de leurs soldats, qu'ils avaient vainement sollicité les généraux Wartensleben, blessé, et Alvensleben de se mettre à leur tête. On avait vu notamment un lieutenant du régiment de la Reine, blessé grièvement à Auerstædt, parcourir les rues, entortillé dans une couverture de laine ensanglantée, et déclamer contre les lâches qui songeaient à se rendre. Cet officier était le Silésien Schill, qui allait bientôt se faire un nom comme chef de partisans en Poméranie.

« Ce qui est certain, dit un contemporain d'après le rapport d'un des officiers de la garnison, c'est qu'à l'issue du conseil de guerre, dans lequel la majorité avait opiné pour la reddition, Kleist vint à la parade et dit : « Messieurs, je capitule. Si quelqu'un de vous est d'un autre avis, qu'il le dise. » Il y eut quelques murmures prolongés, mais personne ne prit la pa role. Parmi les publications auxquelles donna lieu cet événement, on remarque celle qui opposait à la reddition précipitée de 1806 le souvenir du siége mémorable soutenu en 1550 par cette même ville contre Charles-Quint, après la bataille de Mühlberg (*Merkwürdige Belagerung Magdeburgs*, Berlin, 1807). Malgré l'impression récente de cette défaite, aussi désastreuse pour les confédérés protestants que l'avait été celle d'Iéna pour la monarchie prussienne, Magdeburg avait résisté treize mois aux vainqueurs, et obtenu les conditions les plus honorables. On avait attendu pour capituler, qu'il n'y eût plus qu'*un sixième* de la population de valide. Quel contraste navrant entre un tel passé et les hontes du présent!

Le commandant de Spandau, Benekendorf, fut jugé digne comme Kleist de la dégradation militaire, ignominie à laquelle un homme de cœur eût préféré la mort. Mais cet officier était également un de ces hommes *finis*, chez lesquels, suivant un pamphlet du temps, « l'estomac était le seul organe qui fonctionnât encore.» Au moment où les Français entraient dans sa forteresse, Benekendorf ne semblait occupé que du déménagement de sa basse-cour.

La chute trop prompte de Schweidnitz fut encore une de celles qui blessèrent le plus l'amour-propre prussien. Le nom de cette place se rattachait aux plus glorieux incidents des luttes du grand Frédéric : il avait fait travailler à ses fortifications treize années de suite après la guerre de Sept Ans. A l'approche des troupes de la confédération du Rhin, chargées de réduire la place, les administrateurs civils de Schweidnitz adressèrent à leurs concitoyens une proclamation dont nous allons transcrire quelques passages. Aucun document ne donne une idée plus exacte de l'état de découragement, d'atonie morale, dans lequel les premiers désastres avaient plongé une grande partie de la nation.

« Amis et concitoyens, nous avons aussi notre part de danger... Mettons notre confiance en Dieu, comme ont fait les habitants de Berlin... Il peut dissiper les périls et les craintes, comme les nuages au ciel... Si l'ennemi pénètre dans nos murs, nous parviendrons sans doute à l'adoucir par un accueil amical (*friedliches benehmen*). Nous nous appliquerons à satisfaire ses besoins dans la mesure de nos moyens. Il ne manquera pas de nous respecter (*ehren*) comme de bons et dignes bourgeois qui savent se tenir

13

à leur place et s'accommoder aux nécessités de la situation. Celui d'entre nous qui, par un *faux patriotisme*, se laisserait entraîner à quelque tentative de résistance, serait un insensé, *traître* envers ses concitoyens et envers lui-même. Savez-vous la meilleure manière de sauvegarder nos biens, notre vie et *notre santé ?* C'est de rester bien tranquilles, d'éviter jusqu'à la moindre apparence d'immixtion illicite dans les mesures de défense, lesquelles sont du ressort exclusif de l'autorité militaire... »

Vient ensuite une série de prescriptions digne de cet exorde. Pour éviter aux gens exaltés des tentations dangereuses, toutes les armes à feu, y compris les pistolets, doivent être déposées à la Maison de ville dans les vingt-quatre heures ; après quoi, l'on fera des visites domiciliaires pour s'assurer que cet ordre de désarmement général, rendu indispensable par la prochaine apparition de l'ennemi (textuel), a été strictement exécuté. Mais les signataires de cet arrêté n'étaient pas, comme bien on pense, des gens capables de mésuser d'un semblable dépôt. Toutes ces armes mises en fourrière allaient être soigneusement étiquetées aux noms de leurs propriétaires et rangées par ordre alphabétique,

pour que la restitution pût en être plus commo-
dément opérée, quand tout danger aurait disparu... « On ne devait bouger de chez soi sous
aucun prétexte, sauf le cas d'incendie. Enfin,
on pouvait se rassurer un peu, en songeant que
la place avait un gouverneur aussi humain que
brave, qui saurait concilier avec ses devoirs militaires les égards dus à la sécurité de l'habitant,
etc. »

On a peine à comprendre qu'une pareille
pièce ait été rédigée, signée par des hommes dont
plusieurs au moins avaient pu, dans leur jeunesse, contempler « le vieux Fritz » inspectant
les travaux de sa place favorite. Du moins, les
gens qui récemment se laissaient aller chez nous
à de semblables défaillances, et ceux aussi qui
trouvaient l'occasion favorable pour insulter aux
grands souvenirs de notre histoire militaire, les
sots et les lâches de 1870, n'avaient pas vu
Napoléon Ier.

L'excès de prudence de ces bourgeois de
Schweidnitz n'avait pas même l'excuse d'un
danger imminent. Pas un éclaireur ennemi n'é-
tait en vue des remparts à cette date (10 novembre). Une chose peut-être encore plus
étrange, c'est que cette pièce fut insérée sans

commentaire dans plusieurs journaux. En présence de cet affaissement moral, plus profond que ne l'a été le nôtre après Sedan, on comprend quel fut le mérite d'un homme que nous avons déjà nommé et auquel nous reviendrons bientôt, de ce Schill qui, dans ce moment même, osait le premier se retourner contre les vainqueurs, et faire voir, suivant sa propre expression, « qu'il était encore des Prussiens ». Vainqueurs à leur tour en 1870, les Prussiens ont bientôt pu se convaincre aussi, et dans des occasions bien autrement importantes, à Coulmiers, à Châteaudun, à Bapaume, qu'il était encore des Français !

Pour en revenir à Schweidnitz, les ingénieurs français qui visitèrent cette place après la capitulation la trouvèrent aussi forte que Luxembourg. La garnison était insuffisante, il est vrai, mais le corps chargé de l'attaquer l'était encore davantage, et il paraît certain que la place aurait pu tenir quatre mois au lieu de trois semaines. En annonçant la triste nouvelle au Roi, le commandant de Haak (un véritable Falstaff au physique et au moral, si l'on en croit ses compatriotes) y joignit un mémoire justificatif verbeux, mais faible de raisons. Il alléguait surtout une lettre du général-major de Lindener, son supérieur immédiat, qui, après l'avoir exhorté à faire son devoir, terminait ainsi : « il ne faudra rendre la place que quand il sera évident qu'on ne peut la conserver plus longtemps *raisonnablement*. » De Haak se jugea suffisamment autorisé par cette conclusion singulière à capituler, bien qu'il n'y eût pas encore de brèche au corps de la place. Parmi ses raisons, il faisait figurer l'incendie de plusieurs maisons de la ville haute, les plaintes, l'effroi des habitants. Il est certain que sa défense avait été tout à fait dans l'esprit de la proclamation que nous avons citée plus haut. Néanmoins l'apologie de ce commandant souleva d'honorables protestations. « Il y avait, dit un témoin oculaire, de la place de reste dans les caves et dans les casemates ! Les habitants qui osaient circuler pendant les intervalles du bombardement avaient, il est vrai, des mines assez longues, mais je n'en avais pas encore entendu un seul prononcer le mot de capitulation. » La conduite de ce militaire avait dépassé l'espoir des plus peureux d'entre les civils.

Les événements de la Silésie ont donné lieu à des appréciations assez contradictoires. Un jeune homme, le comte Pückler, avait adressé au Roi le plan d'une sorte de Vendée silésienne, dont le noyau aurait été formé par les gardes forestiers du pays, gens rompus à la fatigue et tireurs habiles. Le Roi avait le sens assez droit pour comprendre l'utilité d'un pareil système ; il n'avait pas assez de caractère pour en imposer l'exécution, et protéger son auteur contre les attaques combinées des hauts fonctionnaires civils et militaires. La plupart de ceux-ci appartenaient à cette race de formalistes opiniâtres, dont le Brid'oison de Beaumarchais est la caricature encore ressemblante. Le seul mot de *Landsturm* les faisait bondir ; l'idée d'employer à la défense du pays des milices étrangères aux finesses des manœuvres classiques leur paraissait de la plus haute inconvenance ; mieux valait succomber réglementairement. Aussi, bien que le Roi eût signalé le plan du comte Pückler à l'attention des autorités, cet homme de cœur sé vit en butte à d'odieuses accusations. On alla jusqu'à l'accuser de vouloir spéculer sur les malheurs publics pour organiser des bandes de brigands. Pendant que ce mauvais vouloir paralysait ses efforts, l'invasion suivait son cours, et Pückler, désespéré de son impuissance et des calomnies qui le poursuivaient, prit le parti de se brûler la cervelle... Nous donnons cette appréciation sous toutes réserves, d'après les témoignages les plus favorables à ce chef de partisans manqué. Toutefois, ce suicide nous semble étrange, et semble dénoter, tout au moins, de la faiblesse ou de l'égarement d'esprit. Nous verrons plus loin qu'on essaya en vain de réaliser les projets de Pückler. Les circonstances étaient si difficiles, que probablement lui-même n'eût pas mieux réussi.

Glogau succomba le 2 décembre, après un mois de siége. Cette prompte reddition parut excusable, parce que la garnison était composée en grande partie d'anciens Polonais qui désertèrent en masse, quand ils apprirent ce qui se passait sur la Vistule. Les gentilshommes campagnards des environs de Glogau montrèrent peu de patriotisme. Ennuyés des réquisitions des assiégeants, ils envoyèrent au commandant de la place une députation pour le prier d'abréger une résistance qui les ruinait. Parmi ces députés figurait un comte qui avait, disait-on, un sujet de préoccupation plus intime. Sa femme se trouvait enfermée dans la place, et de mauvais plaisants prétendaient qu'il avait peur qu'elle ne fût aussi prise d'assaut. En revanche, la magistrature de Glogau se conduisit honorablement. Le général Bertrand, alors gouverneur français de la Silésie, ayant voulu exiger des membres du collége de justice un serment de fidélité à l'Empereur, le président Kieckhœsen répondit, au nom de ses collègues : « Veuillez considérer, Monsieur, que notre souverain ne nous a pas relevés de notre serment. Nous ne pouvons donc en prêter un contraire à celui qui nous lie ; vous nous mépriseriez justement, et n'attacheriez aucun prix à nos services. Bien que nous n'ayons presque tous d'autre fortune que nos places, nous ne les conserverons pas par un parjure.... » Le général s'empressa de répliquer qu'il n'entendait nullement exiger d'eux une défection, qu'il se contenterait de leur engagement d'honneur de s'abstenir de toute correspondance hostile aux Français. Cette modération de Bertrand n'a rien qui doive nous surprendre. Le futur compagnon du captif de Sainte-Hélène devait respecter et honorer dans les autres la fidélité au malheur.

Breslau succomba à son tour, et avec des circonstances encore plus fâcheuses (7 janvier). L'influence égoïste d'une partie de la noblesse, du haut commerce, y fut sans doute pour quelque chose. « Ici, dit un contemporain, les gros marchands se signent au seul mot de *landsturm*. L'habitant de la montagne, le con·trebandier surtout, est patriote ; le citadin rentre dans la catégorie des vieilles femmes. » Néanmoins, la majorité de la classe moyenne et du peuple se prononçait énergiquement pour la résistance. Le général Thiele, gouverneur de Breslau, avait beaucoup de loquacité, mais peu de capacité, et le général de Lindener, commandant supérieur des places silésiennes, qui se trouva enfermé dans Breslau (bien malgré lui, dit-on), ne s'y couvrit pas précisément de gloire. On leur reprocha surtout de n'avoir pas secondé, par une sortie vigoureuse, la tentative de diversion du prince de Pless (gouverneur de la Silésie pour la Prusse), qu'ils laissèrent écraser à Strelhen. On disait que Lindener avait, dans cette occasion, mérité une potence sur le donjon de Glatz, la plus haute citadelle du pays.

De toutes les garnisons de ces places rendues trop vite, celle de Breslau était la plus disposée à se bien défendre ; et ce fut elle qui montra le plus d'irritation, quand il s'agit de déposer les armes. Dans une gravure du temps, on voit ces soldats briser avec rage leurs fusils, tordre les baïonnettes, ébrécher les sabres sur le pavé, pour ne laisser que des débris informes aux vainqueurs.

Le général Thiele fut rayé des cadres sans pension, de même que Kleist et de Haak. On dit que cet officier ayant osé se présenter à une audience publique de l'empereur Napoléon, celui-ci le repoussa d'un geste méprisant. Plusieurs personnages de la noblesse et de la haute bourgeoisie reçurent les Français et leurs alliés de la Confédération avec un empressement excessif, pour le plus grand bien du pays, disaient-ils. Quelques-uns allèrent jusqu'à illuminer, et l'on cita aussi de belles dames qui, sans doute pour le même motif, avaient montré en cette occasion beaucoup plus que de la courtoisie aux vainqueurs.

Il y eut toutefois d'honorables protestations. Le prince Jérôme s'étant montré plus exigeant que Bertrand pour le serment de fidélité, plusieurs conseillers donnèrent leur démission. Parmi ceux-là l'auteur des *Vertraute Briefe* cite le président de BISMARK (1)...

1. V. B., III, 201. C'est probablement dans ce livre, publié à Amsterdam en 1808, que se trouve imprimé pour la première fois ce nom trop fameux aujourd'hui.

XVI

La guerre de partisans dans la haute Silésie. — Une ville prise par un seul homme. — Les francs-tireurs prussiens. — Situation pénible de la population sédentaire. — Exploits financiers et bachiques des commandants Wolkersdorf et Negro.—Les eaux minérales de Warmbrunn, etc.

Quelques épisodes de l'occupation de la haute Silésie ont aujourd'hui pour nous un intérêt tout à fait spécial, à cause de l'analogie saisissante qu'offrent ces faits particuliers avec ce qui s'est passé en 1870, sous prétexte de défense nationale, dans quelques-uns de nos départements envahis.

L'auteur de la curieuse relation que nous allons analyser, habitait pendant la guerre la ville d'Hirschberg, située dans la vallée de Bober, tout près des eaux minérales de Warmbrunn. Hirschberg, célèbre depuis longtemps par son grand commerce de toiles, est aujourd'hui l'une

des stations du chemin de fer de Berlin à Francfort.

Les premières pages de ce récit nous ont paru dignes d'être traduites presqu'en entier.

« Au début de la guerre, plusieurs régiments
traversèrent notre ville. Leur aspect martial
nous remplissait de confiance... *Personne n'avait
l'idée que l'ennemi pût être assez fort pour pénétrer d'un seul coup, et s'établir au cœur du
royaume...* Ici comme partout, on se fiait à l'an-
tique réputation de notre armée, on s'endormait
sur les lauriers du grand Frédéric.

« Le réveil n'en fut que plus terrible..... A de
faux bruits de victoire, succédèrent coup sur
coup, pareilles à des tonnerres, les nouvelles de
Saalfeld, d'Iéna, de Halle. Soudain, l'allégresse
la plus folle fit place à la stupeur la plus profonde.

« On sait quelle fut alors l'attitude de la population berlinoise. On ne saurait donc trouver
bien surprenant que, dans une pareille crise,
l'apparition d'un seul chasseur ennemi ait suffi
pour mettre notre petite ville en révolution....
Nous venions d'apprendre l'entrée des Français
à Leipzig; nous nous attendions d'un jour à
l'autre à les voir pénétrer en Silésie du côté de

la Lusace. Ce fut alors que se produisit cet incident tragi-comique. Ce chasseur, qui faisait partie du contingent du Wurtemberg allié de la
France, se présenta brusquement à l'une de nos
portes, et mit le pistolet sur la gorge du faction-
naire, soldat de la milice urbaine. Le pauvre
diable, tout tremblant, s'empressa de rendre les
armes, c'est-à-dire un vieux fusil rouillé, dont
la batterie était détraquée de temps immémorial.
Ce premier ennemi prétendait être suivi de beaucoup d'autres, et l'on n'avait garde d'en douter.
Après avoir fait un repas copieux, il repartit en
toute hâte, et bientôt nous apprîmes, non sans
quelque confusion, que nous n'avions eu affaire
qu'à un déserteur fourvoyé, qui s'était tiré d'affaire en payant d'audace.

« L'ennemi, pour le moment, ne songeait pas
à nous. Il se concentrait autour de Glogau, et
bientôt le bruit du canon, que nous renvoyaient
les échos du Riesengebirg, nous apprit que le
siége de cette place était commencé.

« Cependant les officiers, les soldats fugitifs
affluaient dans nos contrées. On les voyait arriver par troupeaux, dans l'état le plus pitoyable.
Le prince d'Anhalt-Pless, qui venait d'être appelé au gouvernement de la Silésie, les réunit à

Schweidnitz et à Glatz, où ils devaient être réar-
més et employés. Comme les armes faisaient
défaut, on mit en réquisition celles des petites
villes et des campagnes ; pour ma part, j'en vis
partir une énorme quantité pour Schweidnitz.
Cet enlèvement de toutes les armes à feu ren-
dait toute organisation de *landsturm* impossible....

« A vrai dire, je ne sais si cette mesure n'eût
pas été plus nuisible qu'utile. En supposant qu'il
se fût trouvé un homme assez hardi pour se
charger du commandement d'une multitude
aussi hétérogène, aurait-il pu obtenir la confiance, la subordination nécessaires ? Un militaire de profession eût été, plus qu'aucun autre,
impropre à cette tâche... *Depuis nos grands désastres, la plupart des officiers de l'armée régulière étaient considérés , à tort ou à raison,
comme des incapables ou des traîtres...* Les
citadins, les paysans eussent concouru volontiers à des tentatives de résistance locale, mais
la confiance et les armes faisaient défaut... Une
semblable entreprise ne pouvait donc amener
qu'un surcroît de désastres, malgré tout ce
qu'ont pu dire à ce sujet quelques hommes
exaltés.

« Après la reddition de Glogau, quelques miliciens des frontières (*Grenzjœger*), faits prisonniers dans cette place et laissés libres sur parole, s'avisèrent néanmoins d'attaquer un détachement bavarois, et firent quelques prisonniers qu'ils conduisirent à Schweidnitz en passant par notre ville. Ils étaient poursuivis de près, et ce fut alors que, pour la première fois, nous vîmes réellement l'ennemi...

« Le commandant de Schweidnitz, qui avait fait évacuer sur Breslau la majeure partie des armes ramassées dans le pays, eut l'idée d'employer le reste à l'équipement de quelques centaines de volontaires qu'il envoya dans le haut pays. Cette troupe fit une courte apparition à Hirschberg ; sa tenue contrastait misérablement avec celle de l'ancienne armée. Nous étions navrés de voir ces fantassins en guenilles, ces éclaireurs montant de mauvais chevaux de labour... Cette promenade soi-disant militaire avait pour but de requérir divers objets, dont la plupart ne se rapportaient que fort indirectement au service. Ainsi l'on emporta de chez nous force bouteilles d'eau-de-vie et de malaga, pour la table du commandant de Haak. Passe encore s'il s'était bien défendu...! »

Nous avons mentionné déjà la triste conduite de ce gouverneur de Schweidnitz, qui ressemblait beaucoup, dit-on, au Falstaff de Shakspeare, par la gloutonnerie, la corpulence et le défaut de courage.

C'est surtout à partir du mois de décembre 1806, que la similitude entre les deux invasions devient frappante. Glogau étant pris, Breslau investi, la Silésie presque entière se trouvait à la merci des conquérants. Les contributions de guerre, les réquisitions pleuvaient comme grêle: nous avons essuyé, à notre tour, plus d'une averse de ce genre. Mais, d'autre part, la régence prussienne, transférée dans le comté de Glatz, où l'ennemi n'avait pas encore pénétré, communiquait toujours avec la Silésie par les montagnes, et prétendait continuer d'y être obéie. Ces populations se trouvaient, comme certains territoires français en 1870, placées entre l'enclume et le marteau : chacun des belligérants leur défendait, sous peine sévère, de déférer aux injonctions de l'autre. Des partisans prussiens venaient enlever les fonds recueillis pour satisfaire aux exigences du vainqueur, et *se repliaient* aussitôt, sans s'inquiéter autrement des suites souvent fort désagréables de ces coups de main pour les gens du pays. On s'en serait consolé plus facilement, si du moins cet argent avait profité à la défense. Mais....?

Les corps francs, dans les fastes de toutes les invasions, se suivent et se ressemblent, à peu de chose près.

Le chef d'une de ces compagnies de la haute Silésie se faisait appeler M. de Wolfersdorff. Il se disait lieutenant de l'armée régulière, mais ses procédés n'étaient rien moins que réguliers. Ce personnage avait reçu ou s'était attribué la mission de réquisitionner dans la contrée. Il payait comptant, mais suivant un tarif de sa façon, lequel n'était rien moins que rémunérateur. A la moindre observation il s'emportait, menaçait de solder l'appoint en coups de trique, accusait les paysans de garder leurs provisions pour l'ennemi, etc. Nous savons trop bien aujourd'hui tout ce qui se dit et se fait en pareille circonstance.

Il parcourut ainsi tout le pays, se faisant délivrer de gré ou de force et à vil prix des vivres, des chevaux, des effets d'équipement et d'habillement, jusqu'à des soutanes. Sa conduite fut des plus scandaleuses à Hirschberg, où il n'avait été que trop bien hébergé. Au moment de partir, il prolongea indéfiniment le coup de l'étrier, buvant à la santé du Roi, de la Reine et de toute la famille, en si grand détail qu'il fut bientôt effroyablement ivre. Alors, passant tout à coup, suivant l'habitude des ivrognes, de l'attendrissement à la fureur, il insulta les habitants, jura de mettre leur ville à sac, et voulait à toute force embrocher l'hôte qu'il embrassait avec effusion quelques minutes auparavant. Cette scène édifiante se passait en présence de toute la troupe et d'un grand nombre de curieux. Peu de temps après, les gens d'Hirschberg apprirent sans trop de chagrin que ce commandant s'était fait prendre en Saxe, où il avait voulu poursuivre le cours de ses prouesses...

Il fut bientôt remplacé par un chef appelé Negro, qui se montrait souvent à Hirschberg et à Warmbrunn. Cet individu, connu pour avoir précédemment tâté sans succès de divers métiers, se présentait alors avec le titre et les insignes de *Rittmeister* (chef d'escadron), galonné sur toutes les coutures, escorté de trois aides-de-camp non moins reluisants, dont l'un était un ancien garçon perruquier. La spécialité du commandant Negro était l'enlèvement des deniers publics. Il poussait même le zèle jusqu'à ouvrir les lettres particulières et intercepter les envois d'argent. Un jour, il mit ainsi la main sur des fonds qu'une dame faisait passer à son mari, officier prisonnier en France. Negro prétendait qu'il était incivique d'envoyer de l'argent, sous aucun prétexte, en pays ennemi.

On parvint cependant à lui faire lâcher prise, mais il n'en fut pas de même dans une circonstance plus grave. L'autorité française avait frappé plusieurs localités des environs d'Hirschberg d'une contribution collective de 16,000 thalers. Suivant un usage trop bien connu, cette contribution devait être soldée dans un certain délai, sous peine d'exécution militaire. Ces 16,000 thalers venaient d'être déposés à Hirschberg et devaient être expédiés le lendemain sur Glogau, siége de l'administration française. Mais on avait compté sans Negro, qui, dans la soirée, descendit comme une avalanche du Riesengebirg. Sourd à toutes les représentations, il saisit d'autorité la somme, et reprit aussitôt le chemin de la montagne, n'ayant ni les moyens, ni la volonté de défendre ceux qu'il compromettait par cet enlèvement. Il en résulta qu'à l'expiration du délai, le pays fut militairement occupé. Les habitants eurent beau crier, exposer leur mésaventure ; l'autorité française ne les écouta pas plus que l'autorité prussienne n'a écouté, de nos jours, des réclamations semblables en France. Il fallut s'exécuter une deuxième fois, et on eut de plus à supporter des logements militaires pendant plusieurs semaines. Tel fut le plus clair résultat du détournement de ces fonds, dont la majeure partie n'arriva pas jusqu'aux coffres de S. M. prussienne (1).

Le commandant Negro n'avait pas donné signe de vie pendant cette exécution, confiée aux soldats du Wurtemberg alors nos alliés. Mais ils ne

1. Les annales de la guerre de 1870 nous fournissent malheureusement aussi des faits semblables. L'un des plus saillants est relaté dans les *Éphémérides* du département de l'Aisne, par M. Fleury. Le 25 novembre, six cents hommes se présentent chez le maire de Rosoy, « et le forcent, sous peine d'être immédiatement fusillé, de leur remettre 26,164 francs, qu'à titre de maire du chef-lieu de canton il avait touchés des maires de vingt communes, à valoir sur les contributions levées par les Prussiens... Avisé de cet événement, le gouverneur général prussien répondit, comme on devait s'y attendre, que son gouvernement ne pouvait se contenter de ce « récit... » Et il fallut payer deux fois. Il en résulta que, peu de jours après, d'autres francs-tireurs étant venus pour pratiquer la même opération dans le canton de Sissonne, furent forcés de reculer devant l'attitude menaçante des habitants. (V. Fleury, *Éphémérides*, pp. 46, 49, 51.)

furent pas plus tôt partis que Negro reparut, et se mit à trancher du dictateur, prétendant qu'il reprenait possession du pays au nom du Roi, que les habitants devaient s'estimer trop heureux de pourvoir aux besoins de leurs braves défenseurs. A ceux qui ne semblaient pas assez convaincus de leur bonheur, il s'efforçait d'inculquer le patriotisme à grands coups de canne. Il fit arrêter et conduire à Glatz, comme suspects d'intelligences avec l'ennemi, quelques fonctionnaires civils dont tout le crime était d'avoir chicané sur les réquisitions. Un jour même, procédant à l'interrogatoire d'un individu soupçonné peut-être faussement d'espionnage, il lui fit administrer une telle schlague pour le contraindre à s'avouer coupable, que le pauvre diable en mourut. « Cette conduite, dit avec raison le narrateur, n'était bonne qu'à indisposer la population. On finissait par redouter encore plus les visites de tels amis que celles de l'ennemi.»

On remarqua aussi à propos de ces tirailleurs Negro et autres semblables, qu'ils faisaient de grandes bravades, marches et contremarches, mais en définitive ne s'exposaient guère. La même observation a été faite à une époque plus récente, et ailleurs qu'en Silésie.....

Un jour, néanmoins, ou plutôt une nuit, Negro fut vraiment aux prises avec l'ennemi. Il surprit à Buntzlau des soldats de la Confédération qui escortaient un convoi d'argent. Il perdit un homme, mais en tua plusieurs, sans compter une pauvre femme qui attrapa une balle dans cette échauffourée. Les Negro s'emparèrent de l'argent et ramenèrent quelques prisonniers.

Cette fois, le commandant se posa tout à fait en libérateur de la Silésie. Au lieu de mettre promptement son butin en sûreté, il le promena en grand apparat dans plusieurs localités, et fit à Hirschberg une véritable entrée triomphale. Le soir, il s'en alla avec ses officiers à Warmbrunn, où l'on trouvait encore, dans ces tristes circonstances, des distractions de toute espèce. Ils se reposèrent sur leurs lauriers, dans cette Capoue silésienne, *inter pocula et mulieres*, et ne revinrent que le lendemain assez tard à Hirschberg, où le chef consacra encore le reste de la journée à ses deux distractions favorites, la bouteille et l'administration de la schlague. Pendant la nuit suivante, l'explosion fortuite d'une arme à feu mit toute la ville en émoi. On crut à une surprise de l'ennemi ; en un clin d'œil tout le monde fut sur pied, sauf le commandant et ses hommes qu'il fut impossible de réveiller. Ils ne reprirent connaissance que vers dix heures du matin. Alors seulement, ils se mirent en devoir de conduire leur prise à Glatz..... Une entreprise ainsi conduite devait mal finir. Encore engourdis des excès de la veille, Negro et ses hommes cheminaient lentement, en désordre, sans précaution. Ils allèrent ainsi donner tête baissée dans une embuscade de soldats franco-allemands qui mirent la troupe en déroute, reprirent le butin et firent plusieurs prisonniers. De ce nombre était le commandant, qui resta prisonnier à Breslau jusqu'à la conclusion de la paix. En quelques semaines il avait enlevé dans le pays et gaspillé près de cent mille thalers. Voilà à quoi servaient la plupart de ces corps francs.

Les débris de celui-là s'étaient rejetés dans les montagnes du côté d'Hirschberg. Ils se cantonnèrent à Schreibershau, localité célèbre alors comme aujourd'hui par ses verreries, et d'un accès assez difficile. Pour les déloger de là ou les contenir, on détacha, des troupes de la Confédération employées au siége de Neiss, un certain nombre d'hommes qui vinrent occuper Hirschberg. Il y eut entre les éclaireurs des deux partis des rencontres fort insignifiantes, mais qui attirèrent de sérieux désagréments aux populations inoffensives. Les soldats wurtembergeois et bavarois les accusaient de s'entendre avec les tirailleurs prussiens, et s'en autorisaient pour satisfaire cette passion du pillage, héréditaire, paraît-il, dans les armées de la grande patrie allemande. Plusieurs villages furent mis à contribution, plusieurs paysans roués de coups et leurs chaumières saccagées en représailles de la mort du cheval d'un dragon bavarois, tué d'un coup de feu dont on ne put jamais découvrir l'auteur (1). La ville même d'Hirschberg faillit plusieurs fois être mise à sac ; elle fut sauvée par le commandant de place bavarois. Notre auteur cite plusieurs traits ho-

1. C'est ainsi qu'au mois d'avril 1871, c'est-à-dire en pleine paix, plusieurs notables de deux communes du département de l'Eure ont été séquestrés et contraints de payer *dix mille francs* d'amende, en punition d'un coup de fusil à petit plomb, qu'on prétendit avoir été tiré sur deux cavaliers prussiens par un braconnier inconnu... Mais le plus curieux, c'est qu'en définitive il a été reconnu que ce coup de fusil était de l'invention du commandant prussien, qui n'avait nullement tenu compte de cette rentrée à ses supérieurs Aussi l'argent a été finalement restitué, mais les ôtages n'en ont pas moins subi deux mois de détention rigoureuse, sans aucune indemnité.

norables de cet officier. On lui amena un jour deux paysans convaincus d'avoir recelé des tirailleurs prussiens. Les pauvres gens s'attendaient pour le moins à la schlague et au cachot; le commandant les invita seulement à être désormais plus circonspects. Ce digne homme se nommait Leibelfing :

On l'enverrait à l'école aujourd'hui.

Sauf ces traits de générosité, tout cela ressemble fort à ce qui s'est passé en France. Il y a néanmoins cette différence qu'en 1806, les violences exercées contre les populations sédentaires qui prenaient part à la résistance avaient tout à fait un caractère spontané et purement individuel. On ne s'était pas avisé de faire à tête reposée des règlements militaires assimilant au brigandage la défense nationale, menaçant de la peine capitale ou au moins des galères tout individu coupable d'avoir pris les armes pour repousser l'invasion de sa ville ou de son village natals, « à moins qu'il ne fût revêtu d'un uniforme assez apparent pour être facilement distingué sans lunette à portée de fusil ». (Proclamation royale du 28 août 1870.) L'honneur de ce progrès, si c'en est un, était réservé aux Prussiens de 1870.

La garnison franco-allemande d'Hirschberg finit par recevoir une autre destination. Les tirailleurs prussiens recommencèrent aussitôt à venir en reconnaissance dans cette ville. N'étant plus inquiétés, ils menaient joyeuse vie, fêtaient les cartes, la bouteille et le reste. Pour subvenir à ces dépenses plus ou moins militaires, ils vinrent proposer aux habitants d'Hirschberg de souscrire un emprunt de 40,000 thalers, hypothéqué sur les forêts du comté de Glatz. Il est vrai que ces forêts étaient déjà en grande partie au pouvoir des Français, mais les emprunteurs répliquaient qu'au temps de la seconde guerre punique on avait bien trouvé à vendre le terrain sur lequel campait Annibal aux portes de Rome. Les fabricants de toiles d'Hirschberg n'étaient pas des Romains ; ils déclinèrent la proposition d'emprunt, alléguant la stagnation des affaires et l'épuisement du pays. Les gens de Schreibershau trouvèrent naturellement ce refus incivique au premier chef : à tort ou à raison, ils se figuraient que ces capitalistes récalcitrants auraient bien su encore trouver de l'argent pour l'ennemi. En conséquence, ils résolurent un peu légèrement de procéder comme en pays conquis. Une belle nuit, plusieurs notables de la ville furent enlevés et conduits au camp prussien. Là, on leur signifia qu'ils seraient gardés comme ôtages jusqu'à la conclusion de l'emprunt. Ils furent toutefois relâchés au bout de quelques jours, et cette singulière négociation n'eut pas de suite. Les gens d'Hirschberg avaient menacé de porter plainte au Roi.

Un peu plus tard, le commandement de ce corps franc fut confié à un brave militaire, le major Putlitz, qui prenait au sérieux le métier de partisan. Cet officier voulut harceler les troupes occupées au siége de Glatz ; mais, dès la première rencontre, il fut blessé et fait prisonnier. Après lui, les tirailleurs de la haute Silésie retombèrent dans leurs anciens errements, poussant des reconnaissances dans le plat pays quand l'ennemi s'éloignait, se repliant à son approche : Warmbrunn était toujours leur objectif favori. Ils voulaient à toute force y découvrir des espions ; et, comme bien on pense, leurs soupçons s'adressaient surtout aux plus riches baigneurs. Ils maltraitèrent et rançonnèrent, sous ce prétexte, des gens vraiment malades et tout à fait inoffensifs. L'intendant d'un prince de Hohenzollern (aïeul de celui dont on a tant parlé en 1870) fut une de leurs victimes.

Cet individu, qui prenait les eaux pour ses rhumatismes, fut emmené au frais dans la montagne, et contraint de racheter chèrement sa liberté. Ils mirent aussi à contribution un harpiste qui était venu tout bonnement à Warmbrunn pour donner des concerts. La découverte parmi ses effets d'une paire d'éperons en argent, que par parenthèse il ne revit jamais, avait paru à ces Prussiens une présomption de culpabilité suffisante. Comme certains patriotes français que nous avons vus à l'œuvre en 1870, ils étaient fort disposés à voir dans tous les gens bons à piller, des auxiliaires de l'ennemi.

Le gouvernement prussien, ayant reçu des informations exactes sur les hauts faits de ce corps de partisans et de quelques autres semblables, en ordonna enfin la dissolution. Ce fut une mesure sage, mais tardive. Sauf les petits exploits de Schill en Poméranie, ces milices irrégulières avaient été généralement plus nuisibles qu'utiles. Elles n'avaient exercé aucune influence sur les grandes opérations, et n'avaient guère fait autre chose qu'aggraver inutilement les souffrances de la population sédentaire pendant l'invasion.

XVII

Le siége de Colberg eut une grande importance morale pendant l'invasion. Des quatre places fortes qui n'avaient pas encore succombé à la fin de la guerre, Colberg était celle où le patriotisme de la population avait le mieux secondé le courage des soldats. Cette défense, qui contribua beaucoup au réveil de l'esprit public en Prusse, fut principalement due à l'initiative de deux hommes énergiques, Schill et Nettelbeck.

Schill était, au début de la campagne, second lieutenant dans le régiment des dragons de la Reine. Issu d'une famille obscure et peu fortunée, il était, dit l'un de ses premiers biographes, peu considéré de ses supérieurs et de ses camarades, parce qu'il ne jetait pas l'argent par les fenêtres. Timide en temps de paix jusqu'à la gaucherie, il fuyait le jeu, les réunions bruyantes, et se montrait poli avec les bourgeois et les petites gens. Aussi passait-il pour un officier des plus médiocres.

Blessé à Auerstædt, il se réfugia d'abord à Magdebourg, s'échappa de cette place au moment de la capitulation, et parvint à gagner Colberg. Cette place est située, comme on sait, sur le littoral de la Baltique, à l'embouchure d'une petite rivière (la Persante), sur une hauteur presqu'entièrement environnée de marais. Ce fut là, quand les nouvelles les plus désastreuses répandaient autour de lui le découragement, que Schill conçut le projet de tenir la campagne en partisan, pour relever par quelques coups de main le moral de la garnison et des populations voisines. Il se garda bien de communiquer cette idée au gouverneur, Loucadou, vieux militaire formaliste, qui n'aurait pas manqué de s'y opposer. Il lui parla seulement de la nécessité de battre le pays pour ramasser des blés et les diriger sur la place, dans l'éventualité certaine et prochaine d'un siége.

Il se mit en campagne dans le courant de novembre, le front entouré de bandages, car la blessure qu'il avait reçue à la tête n'était pas encore cicatrisée, et suivi seulement de deux dragons de son régiment. Ses premiers pas furent marqués par un succès. Il eut la chance d'intercepter un convoi de pionniers et de voitures de fourrage qui cheminait vers Stettin, sous la conduite de cinq ou six hommes Un *hurrah* des trois dragons mit en fuite cette escorte, qui, fort heureusement pour Schill, n'était composée que de conscrits badois. Il renvoya les terrassiers dans leurs villages et parcourut différentes localités, où il s'empara au nom du Roi des deniers publics, qui auraient été enlevés quelques jours plus tard, l'invasion étant alors imminente. Le lendemain de sa sortie, il avait déjà ramassé ainsi 13,000 thalers, qu'il dirigea immédiatement sur Colberg. Plus actif, et peut-être aussi plus honnête que la plupart des autres partisans, Schill ne laissait rien perdre à l'État de ce qu'il recueillait en son nom.

En homme avisé, il répandait sur son passage la nouvelle que les Russes venaient de débarquer à Colberg, chose qu'effectivement ils auraient dû faire. Ainsi qu'il l'avait prévu, des soldats échappés de Stettin, de Prenzlau, vinrent se rallier à lui. Le troisième jour, il se trouvait déjà à la tête de vingt-trois hommes, tant à pied qu'à cheval. Avec cette petite troupe, qui grossissait à chaque pas, il se porta sur Golnow, gros bourg où il existait un dépôt d'effets d'habillement prussiens. Là, Schill avait été devancé par un détachement de l'avant-garde badoise ; il le poursuivit et lui reprit une partie de son butin. Au même moment, il apprit qu'un autre détachement, fort de 200 hommes, manœuvrait pour lui couper la retraite du côté de Gultrow, passage difficile, que Schill ne pouvait éviter en rentrant à Colberg. Sans perdre un moment, il se reporta dans cette direction, surprit ceux qui comptaient le surprendre, et ramena dans la place, dont il était sorti lui troisième, vingt prisonniers (badois), plusieurs chevaux et voitures de bagages.

Ce premier avantage fut suivi de quelques rencontres semblables, dont l'amour-propre prussien exagérait fort l'importance. En moins de trois mois, Schill était devenu un héros de légendes populaires, à tel point qu'il est assez difficile aujourd'hui de débrouiller sa véritable histoire. Plusieurs faits incontestables attestent une grande fermeté. Son audace croissant avec le succès, il tenta, le 16 février 1807, de surprendre la petite ville de Stargard, qu'occupait une avant-garde italienne sous les ordres d'un excellent officier, le général Bonfanti. Prévenu ou non, celui-ci se gardait soigneusement, et Schill, repoussé avec perte sur Naugardt, y fut bientôt assailli à son tour. Atteint d'une blessure assez grave au début de ce nouveau combat, mais convaincu que ses soldats ne tiendraient pas s'il cessait de les encourager par sa présence, il resta au feu depuis une heure de l'après-midi jusqu'à la nuit, sans prendre le temps de se faire panser, menaçant de brûler la cervelle à quiconque s'aviserait de se *replier*. On le savait très-capable d'exécuter cette menace, malgré sa longue et douce figure. Il conserva ainsi sa position, et ses biographes prétendent qu'il aurait changé la retraite des Italiens en déroute, si une défaillance, causée par la perte du sang, ne l'avait empêché de remonter à cheval. Ce qui est certain, c'est que, deux jours après, il fut attaqué de nouveau et rejeté sur Colberg, mais par des forces très-supérieures.

Dès ce temps-là, on vendait à Kœnigsberg, et

secrètement à Berlin, des portraits de Schill : son nom retentissait dans des chansons dont plusieurs ont survécu. Voici quelques passages de l'une des meilleures, œuvre d'un soldat poméranien qui fut tué pendant le siége :

« En avant ! nous sommes encore les vieux Prussiens, impatients du joug étranger ; nous te conserverons, ô Colberg ! notre forteresse.

« Le nom de Schill, notre chef bien-aimé, est notre cri de guerre, gage de victoire ou de glorieuse mort.

« Grâce à lui, le maraudeur ennemi connaît à son tour la crainte ; le laboureur retrouve quelques heures de sommeil.

« Il délivre nos frères prisonniers ; renvoie à sa chaumière le paysan qui s'en allait tristement remuer la terre pour l'ennemi.

« Son épée, quand il la tire du fourreau, luit sur nos chemins comme l'étoile de la victoire !

« Non ! l'éclat de nos armes n'est pas éclipsé pour jamais ! La fortune des combats est une boule qui tourne incessamment sur elle-même ; le vaincu d'hier sera peut-être le vainqueur de demain ! »

Les sympathies populaires pour ce partisan avaient un caractère presque révolutionnaire.

L'imagination des patriotes, anticipant largement sur l'avenir, voyait dans ce petit rassemblement de volontaires mal équipés, à peine armés, le germe d'un mouvement national analogue à celui de la France républicaine en 1792, ou à celui de la Vendée. On ne pouvait, disait-on, résister à la France qu'en imitant les Français. Les livrets clandestins qui circulaient dès lors en Prusse, contiennent bien des faits exagérés ou apocryphes mais sont curieux comme expression sincère du mouvement des esprits. On faisait ressortir avec amertume le contraste de l'activité infatigable du roturier Schill et de ses auxiliaires, de leur courage au milieu des plus rudes privations, avec l'intempérance et la mollesse de ces jeunes nobles qui buvaient si bien et se battaient si mal, qui n'entraient en campagne qu'avec des fourgons bourrés de matelas, de provisions de toute espèce. « A Rosbach, dit l'auteur anonyme d'un de ces opuscules, le moindre capitaine français avait plus d'*impedimenta* que les généraux prussiens ; à Iéna, c'était précisément le contraire. » On disait aussi que Schill s'était empressé d'abolir dans sa troupe le honteux châtiment de la schlague, employé pour les moindres fautes dans l'an

cienne armée. Il l'avait remplacé, disait-on, par
une punition assez originale. Quand un soldat
était convaincu d'avoir quitté son poste de combat, il était contraint d'endosser un costume
féminin, de prendre une quenouille et de filer
en présence de ses camarades (1).

Ici vient se placer naturellement une anecdote qui égaya un moment la Prusse entière.
Un des auxiliaires de Schill, nommé Muller,
qui de simple tambour était devenu officier,
battant l'estrade avec une trentaine de cavaliers,
vint un soir demander l'hospitalité dans une petite ville de Poméranie qui se nomme *Kœnigsberg*, comme la seconde capitale de la Prusse.
Peu de temps auparavant, le bourgmestre d'une
petite ville voisine avait été fusillé pour avoir
donné asile (et probablement aussi quelques indications militaires) à des partisans prussiens.
Celui de Kœnigsberg, nommé André, peu sou-
cieux d'un pareil sort, fit sonner le tocsin, et
voulut expulser Muller et ses hommes. Mais les
habitants, soit par crainte, soit par honte, ne
répondirent pas à l'appel de leur bourgmestre,
et le laissèrent à la discrétion des partisans, qui

1. *Colberg*, in-32 (avec le portrait de Schill), 1807.

lui infligèrent une rude bastonnade. Le récit de cette mésaventure eut un grand retentissement ; on en fit des chansons, des caricatures, et le malheureux André se couvrit d'un nouveau ridicule en faisant insérer une rectification dans plusieurs journaux. Il reconnaissait bien avoir reçu des coups, mais non une schlague en règle, si bien qu'il s'établit une polémique, pour décider à quelle partie de l'individu le châtiment avait été appliqué. On disait aussi qu'il avait sagement agi ; qu'entre la schlague ou la mort, le choix d'un bourgmestre prudent ne pouvait être douteux....

Distingué par le Roi, qui l'avait spécialement autorisé à lever un corps de volontaires, Schill était parvenu en quelques mois au grade de major ; mais cet avancement rapide et sa popularité lui firent bien des envieux. Il fut en butte aux mêmes accusations que son compatriote Pückler. On lui reprocha d'avoir fait enlever d'autorité des fusils de chasse pour armer ses hommes. Cette irrégularité était d'autant plus excusable qu'il avait à lutter contre le mauvais vouloir systématique du gouverneur. Quand Schill demandait de l'aide pour ses excursions, Loucadou répondait invariablement : « J'ai Col-

berg à défendre ; le reste n'est pas mon affaire. »
Pourtant ces sorties avaient été fort utiles pour
l'approvisionnement de la place. Un jour, Schill
perdit patience, et, à la suite d'une scène assez
vive, reçut ordre de garder les arrêts. A cette
occasion, un habitant de Colberg dont nous aurons à reparler, Nettelbeck, vint, au nom de ses
compatriotes, témoigner au major combien ils
étaient indignés de sa mésaventure. Schill, qui
préférait à sa popularité le maintien de la discipline, pria Nettelbeck de démentir le bruit de
cette altercation avec le gouverneur, et d'affirmer qu'il ne gardait la chambre que pour cause
de maladie. Cette anecdote servit de texte à une
gravure qui réunit les deux héros populaires de
Colberg.

Schill était parvenu à organiser un corps de
mille hommes environ, tant infanterie que cavalerie. Pour les armer, il avait utilisé d'abord
jusqu'à de vieilles piques emmagasinées depuis
la guerre de Trente Ans, et dont les hampes
vermoulues se brisaient au moindre choc. Pendant l'hiver de 1807, cette petite troupe inquiéta
plusieurs fois les communications de Stettin et
de Custrin avec le grand quartier-général, enleva des convois d'armes et de vivres. Schill

s'avança un jour jusque sous les remparts de Custrin : il eut même là une des aventures qui lui font le plus d'honneur, parce que cette fois ses adversaires étaient des chasseurs français, au nombre de soixante-dix. Il ne leur montra d'abord qu'un petit nombre d'hommes ; et, par une retraite simulée, les attira dans un bois où le reste de sa troupe était disposé en embuscade. Les chasseurs se virent tout à coup enveloppés par des forces très-supérieures, et leur chef dut remettre son épée à Schill, qui lui dit en français de sa voix la plus douce : *Excusez !* Ce très-petit exploit est raconté, dans plusieurs écrits du temps, avec une complaisance qui prouve combien de pareilles fortunes étaient rares alors du côté des Prussiens.

Schill n'était plus dans Colberg à l'époque la plus critique du siége. Il avait reçu l'ordre de s'embarquer pour servir dans un corps prusso-suédois qui devait venir au secours de la place, et qui ne put être organisé en temps utile. L'honneur de la belle défense de Colberg appartient en grande partie à Nettelbeck, figure des plus curieuses, oubliée injustement dans la plupart des biographies françaises.

Ce Nettelbeck n'avait, à vrai dire, de bourgeois que le nom. C'était un vieux loup de mer, qui conservait dans un âge avancé une énergie juvénile, bien qu'il eût quitté depuis longtemps le service maritime pour diriger une distillerie. Dans sa jeunesse, il avait pris part à la défense de sa ville natale, dans les trois siéges qu'elle avait soutenus contre les Russes pendant la guerre de Sept Ans (1).

Nettelbeck était en 1807 un vieillard de soixante-dix ans, chauve, d'une taille moyenne et déjà un peu voûté, mais d'une santé de fer et d'une activité infatigable. Sa physionomie, très-accentuée, est invariablement la même dans les gravures du temps. Elle porte l'empreinte d'une grande fermeté, tempérée par une expression de bonhomie un peu narquoise. L'une de ces gravures le représente, au début du siége, adressant au commandant et au vice-commandant, dont l'attitude lui semblait équivoque, cette menaçante apostrophe : « Messieurs, il faut qu'à tout prix Colberg soit conservé au Roi ! Nous avons des armes, des provisions

1. En 1758, 60 et 61. Ce dernier siége, qui dura depuis le 24 août jusqu'au 17 décembre, fut le seul qui se termina par une capitulation.

en abondance, et nous sommes décidés à tenir ferme, nous autres bourgeois, dussions-nous voir brûler jusqu'à la dernière maison. Méprisez donc les jérémiades de quelques poltrons, et, pour l'amour de nous, ne pensez qu'à combattre. Pour ma part, le premier, militaire ou civil, qui prononcera ce mot damnable de capitulation, je lui passe cette épée au travers du corps. »

Le siége proprement dit ne commença que dans la nuit du 13 au 14 mars ; il fut vivement poussé par le général Mortier. La défense fut aussi vigoureuse que l'attaque, surtout après le remplacement de Loucadou par un homme plus instruit et plus énergique, le colonel Gneisenau, le même qui joua plus tard un grand rôle dans la réorganisation militaire de la Prusse. Gneisenau s'entendit à merveille avec Nettelbeck, dont les connaissances nautiques lui furent d'un grand secours. Placée sur un mamelon au milieu du delta de la Persante, Colberg avait dès lors pour défense principale l'inondation des marais, submersibles à une grande profondeur. Personne ne connaissait mieux que Nettelbeck la topographie de ce lac factice, sur lequel il avait navigué fréquemment lors des anciens siéges. Il servait de guide aux bâtiments anglais et suédois qui apportaient des renforts et des munitions, et dont quelques-uns, grâce à ses indications, purent se rapprocher assez des ouvrages attaqués pour prendre part à la défense.

Mais là ne se bornaient pas les services de Nettelbeck. Dans les dernières semaines, le bombardement avait pris une intensité terrible ; on vivait sous une voûte de feu, comme Kléber et ses Mayençais en 1793. A toute heure de jour ou de nuit, partout où éclatait un incendie, on voyait accourir des premiers le vieux Nettelbeck, avec son chapeau à cornes et sa houppelande grise. Il se postait de lui-même à l'endroit le plus exposé, organisait les secours et ne s'éloignait qu'avec le danger (1). Il semblait avoir le don d'ubiquité ; on l'avait laissé s'embarquant pour aller reconnaître un navire signalé à l'horizon; on le retrouvait à cheval, escortant un convoi, ou présidant, au milieu des balles, à l'enlèvement des blessés.

1. Il n'était pas, d'ailleurs, novice en fait d'incendies. Vingt ans auparavant, on l'avait vu se risquer avec la même intrépidité sur la plus haute tour de l'église paroissiale, que la foudre venait de frapper et qui déjà s'embrasait. Nul n'avait osé le suivre dans cette excursion; à lui seul il éteignit le feu.

Il avait trouvé, pour ramener les fuyards, un procédé qui lui réussissait à merveille. Il portait toujours dans les larges poches de sa houppelande deux tasses et une gourde de sa meilleure eau-de-vie. Dans ses promenades du côté des ouvrages avancés, quand il rencontrait un soldat *se repliant* sur la ville, il l'arrêtait, lui proposait de trinquer, puis le ramenait tout doucement du côté où l'on se battait. « J'ai l'idée, lui disait-il, qu'on a plus besoin de toi ici que là-bas. La ville, c'est mon affaire. »

Les attaques les plus énergiques, les nouvelles les plus désolantes, celles de la reddition de Dantzig et de la journée de Friedland, n'avaient pu lasser la constance de la garnison et des habitants de Colberg. Après bien des péripéties, les ouvrages avancés avaient définitivement succombé. La redoute de Maikuhle, qui couvrait les communications avec la mer, ne fut prise que le 1er juillet. Ce même jour, le bombardement, plus intense et plus rapproché que jamais, avait fait sauter plusieurs magasins à poudre, écrasé les principaux édifices, développé sur plusieurs points des incendies qui, rebelles cette fois à tous les efforts, s'étendaient, menaçaient de se rejoindre et de transformer la ville entière en une colline de flammes. Toutefois, personne ne parlait encore de se rendre, personne n'y songeait, dit-on, quand arriva, le 2 juillet, la nouvelle de l'armistice général conclu après la défaite de l'armée russe. La place était aux abois, encombrée de cadavres et de ruines embrasées ; mais là du moins l'honneur était intact.

Ce siége mérite une place dans la série des siéges glorieux, à laquelle la France a fourni pour sa part, en moins d'un demi-siècle, les défenses de Lille (1792), de Badajoz (1810), de Burgos (1812), de Berg-op-Zoom (1813); celle plus étonnante encore de la tête de pont d'Huninguc (1815) ; et, dans la guerre de 1870, celles de Strasbourg, de Toul, de Phalsbourg, de Bitche. Nous pourrions joindre à cette nomenclature le siége de Paris, si l'on avait su tirer un meilleur parti de la ténacité héroïque des habitants.

Bien que la dernière levée de boucliers et la mort de Schill soient postérieures de deux ans à l'époque qui nous occupe, on nous saura peut-être gré de joindre ici quelques détails peu connus sur la fin de ce célèbre partisan.

On sait qu'à la première nouvelle de la

marche des Autrichiens en 1809, Schill, alors major dans le régiment de Brandebourg, partit tout à coup, sans ordres apparents, entraînant avec lui 400 hommes de ce régiment. Son projet était de passer l'Elbe, et de déterminer un soulèvement en Westphalie. « Mieux vaut, disait-il, une fin terrible qu'une terreur sans fin. » (*Ende mit Schrecken, als Schrecken ohne Ende.*)

On sait aussi que le cabinet prussien, qui n'avait pas autant ignoré cette échauffourée qu'il s'efforçait de nous le faire croire, s'empressa néanmoins, sous l'impression des premiers revers essuyés par les Autrichiens, de désavouer Schill et de le flétrir publiquement comme déserteur. Ce cabinet agit d'après les mêmes principes en janvier 1813, en réprouvant la défection du général Yorck, qu'il s'empressa d'imiter bientôt après, quand on connut mieux toute l'étendue de nos désastres.

L'histoire impartiale dira que, du temps du premier comme du second Empire, la foi prussienne fut ce qu'avait jadis été la foi punique.

Magdeburg, que Schill semblait menacer en 1809, avait alors pour gouverneur le vieux général Michaud, qui avait commandé en 1793 l'armée du Rhin, — pendant bien peu de temps, par bonheur. Il n'y avait alors dans cette place qu'une compagnie de pontonniers, deux de voltigeurs français ; le reste était plutôt un danger qu'une ressource. De plus, Magdeburg était alors très-faible du côté de l'Elbe. Un témoin oculaire compétent affirme que « cinquante hommes pouvaient traverser le fleuve à la faveur de la nuit, descendre à la porte du gouverneur et le prendre dans son lit. » Le succès *possible* de ce coup de main eût décidé immédiatement l'insurrection de tout le nord de l'Allemagne, car cette place si mal gardée renfermait plus de 500 bouches à feu, 120,000 fusils, des munitions et des approvisionnements considérables.

Si cette entreprise lui semblait trop hasardeuse, Schill pouvait encore se jeter dans le Hartz et surprendre Cassel. Il s'y serait renforcé de toutes les insurrections fomentées dans la Hesse par les guinées anglaises, et aurait eu à sa disposition, en peu de jours, trente ou quarante mille paysans, avec lesquels il eût soulevé le reste du royaume. Jérôme avait à peine, en ce moment, deux mille hommes de bonnes troupes, disséminés sur une étendue de plus de cent lieues.

Schill avait donc à se décider de suite entre ces deux partis presque également avantageux ; la surprise de Magdeburg ou l'invasion du Hartz. Il ne prit ni l'un ni l'autre ; après avoir passé l'Elbe, il perdit huit jours à rôder dans le plat pays entre Hall et Magdeburg, dévalisant les bureaux de recettes, ne ramassant qu'une poignée de gens sans aveu, qui le suivaient dans l'espoir du pillage. Dans des circonstances où il eût fallu *faire grand*, il recommençait sa toute petite guerre de Poméranie, ce qui prouve bien qu'il n'était pas bon à autre chose.

Pendant qu'il employait si mal son temps, Magdeburg recevait déjà quelques renforts. Enfin, Schill se présenta à deux lieues de la place, sur la route de Hall. Toute sa force était en cavalerie, et, par un de ces hasards qui ont parfois de si grands résultats, il n'y avait dans Magdeburg, en fait de gens de cheval, qu'une brigade de six gendarmes. Le jeu du gouverneur eût été de laisser courir Schill, qui évidemment n'aurait pas escaladé la place avec ses hussards, et d'attendre un renfort de cavaliers qu'on lui promettait... Michaud commit au contraire l'imprudence d'envoyer en rase campagne, contre de bonne cavalerie prussienne, quatre compagnies d'infanterie, *dont la moitié d'Allemands,* le tout commandé par un général non moins allemand, aide-de-camp de Jérôme, il est vrai, mais fort peu digne de sa confiance..... Quand les deux troupes furent en vue, Schill, voyant ou sachant d'avance qu'il y avait là des Allemands, essaya de parlementer pour obtenir une défection. Les soldats français commençaient à tirer sur les parlementaires; l'aide-de-camp de Jérôme ordonne de cesser le feu... C'en était fait de cette troupe et peut-être de la place, sans la présence d'esprit du chef de bataillon français. Il forme ses compagnies en carré, déclare à l'aide-de-camp qu'il ne reconnaît plus son commandement, et dirige sur l'ennemi un feu roulant. Entraînés par l'exemple, les soldats westphaliens font bonne contenance, et Schill est repoussé avec perte. Michaud était sorti pour voir ce qui se passait. C'était une dernière imprudence qu'il aurait pu encore payer cher. Le peuple s'agitait : les Allemands, qui formaient la majeure partie des troupes restées dans la place, étaient fortement travaillés. Le bruit courait que le général français était parti pour ne plus rentrer, que Schill allait se présenter à quelqu'une des portes. S'il l'avait fait, il est difficile de dire ce qui serait arrivé.

Schill laissa encore échapper cette dernière occasion. Il descendit l'Elbe jusqu'à Damitz, et y resta immobile pendant une quinzaine, attendant les événements qu'il aurait dû faire naître. Il se mit ainsi *hors de procès*, suivant l'expression très-juste de Napoléon. Enfin, voyant que sa ligne de retraite sur la mer allait être compromise, il fila sur Stralsund. La flottille anglaise sur laquelle il comptait pour s'échapper lui fit défaut, et, dix jours après, le 31 mai 1809, il fut attaqué et forcé par des troupes hollandaises et danoises que commandait le général français Gratien, un vieux compagnon de Hoche et de Jourdan. On sait que Schill déploya un grand courage dans cette lutte désespérée, et y trouva la mort. Ses compagnons prisonniers furent fusillés ou envoyés aux galères. Ils ne pouvaient guère s'attendre à un meilleur traitement de la part du vainqueur, quand le prince pour lequel ils avaient affronté cette terrible aventure les en avait récompensés en les mettant hors la loi comme déserteurs. Il est vrai qu'on s'empressa de les réhabiliter, de les proclamer des héros, aussitôt qu'on put le faire sans péril.....

Sauf cette mort courageuse, la conduite de

Schill en 1809 fut au-dessous du médiocre, et prouve que ce chef avait été beaucoup surfait par la légende prussienne. Les peuples en dé-tresse sont sujets à de pareilles illusions ; nous en savons quelque chose !

XVIII

Le récit d'un Berlinois émigré, qui, après la
première alerte, retournait tranquillement chez
lui, donne une idée assez exacte de l'aspect général du pays, et de l'attitude des Français pendant l'occupation.

« On m'avait dit que sur la route de Francfort
à Berlin, je trouverais les villages incendiés et
déserts, les routes défoncées, une pénurie absolue de vivres, que je serais dévalisé par les maraudeurs. Ce fut à Francfort que je rencontrai
les premiers Français ; le commandant de place

fut très-poli... Nous rencontrâmes en route plusieurs régiments, des soldats isolés ; personne ne nous dit un mot. Nous étions, tant sur le siége que dans la voiture, une vingtaine de voyageurs, dont plusieurs militaires français et huit femmes, dont deux ou trois n'auraient peut-être pas été fâchées de lier conversation ; mais tout se passa avec une convenance parfaite. Nos petits officiers nobles n'auraient pas sûrement montré la même réserve. Je ne vis aucun village ruiné ou désert ; tout était dans le même état qu'avant la guerre.

« La voiture s'étant arrêtée pour relayer entre Francfort et Münchberg, personne n'osait entrer dans l'auberge, pleine de soldats français. Je me risquai bravement avec mon panier de provisions. Dans la salle des chasseurs, des dragons étaient assis autour de la grande table ; dans un coin, six paysans jouaient aux cartes, aussi tranquillement qu'en pleine paix. Les soldats s'empressèrent de me faire place, et m'invitèrent fort gracieusement à partager leur frugal repas de pommes de terre. Ce procédé me toucha si fort, que je mis ma cantine à leur disposition ; jambon, saucisson, rôti, rhum, vin de Hongrie, tout fut lestement expédié...

« Tout le long de la route, je trouvai facilement à me restaurer ; je n'aperçus pas une seule vitre cassée. Quelques arbres coupés pour faire du feu, d'autres sur lesquels des soldats avaient essayé en passant leurs sabres et leurs baïonnettes, voilà les seules traces de destruction que j'aperçus. Je retrouvai ma maison comme je l'avais laissée, et la ville bien mieux tenue que je n'aurais pu le croire. Passé cinq heures du soir, on ne rencontre plus un soldat isolé ; pendant la nuit, de fréquentes patrouilles parcourent les rues, etc. »

Nous n'avons pas l'intention de prétendre que tous les Français montraient la même aménité pour le paysan, comme en fait foi l'anecdote suivante, dont s'égayèrent un moment les Prussiens, bien qu'un de leurs compatriotes y jouât le rôle de victime. Pendant un grand passage de troupes, un paysan du Brandebourg était mis journellement en réquisition pour transporter des soldats éclopés et même des officiers. Son ignorance de la langue française était profonde et son intelligence paresseuse, si bien que ses voyageurs impatientés avaient souvent recours au bâton pour se faire comprendre. Il tombe un jour, par bonheur, sur un sergent alsacien ou lorrain, et lui raconte ses tribulations. « Je vous en prie, lui dit-il, indiquez-moi un ou deux mots de français que je puisse placer à propos, pour témoigner au moins de ma bonne volonté et m'éviter des coups. — C'est bien simple, répond le sergent avec un sérieux imperturbable. Toutes les fois qu'on vous demandera quelque chose en français, prenez un air aimable et dites : « Oui, b....e ! » Et l'impitoyable farceur donne complaisamment à sa victime une leçon de prononciation en règle sur ces deux mots, de peur qu'on ne s'y méprenne.

Le voyageur du lendemain se trouvait être un de ces fonctionnaires peu endurants de leur nature, baptisés depuis longtemps en France du nom expressif de *Riz-pain-sel*. A peine installé en voiture, celui-là dit d'un ton rogue au conducteur qu'il entend être mené grand train. « Oui, b....e ! » s'empresse de répondre l'autre avec un gracieux sourire. Le commissaire furieux riposte incontinent avec sa canne, et tout le voyage se passe, d'une part à frapper, de l'autre à répéter les deux mots soi-disant protecteurs. « Ah ! que l'homme d'aujourd'hui était méchant ! disait le soir à sa femme le pauvre diable moulu de coups. Il m'aurait sûrement assommé tout à fait, sans les deux petits mots de français que cet autre bon garçon m'avait appris hier. »

En regard de cette naïveté, plaçons un assez joli trait de finesse d'un campagnard poméranien. Des maraudeurs arrivent chez lui ; n'y voyant rien de bon à prendre, ils soupçonnent une cachette et s'en informent avec des gestes peu rassurants. « Eh oui ! dit l'homme en pleurnichant, j'avais enterré ce que j'avais de meilleur, mais vous arrivez trop tard ! Vos camarades m'ont battu si fort que je n'ai pu y tenir ! Ils ont rouvert le trou que j'avais eu tant de peine à creuser au fond de mon jardin ; ils n'ont rien laissé, comme vous pouvez voir vous-mêmes. » Les pillards furent, dit-on, dupes de ce stratagème ; aucun d'eux n'eut l'idée de sonder l'amas de terre provenant du déblai, et qui était la véritable cachette. Je ne sais si les pillards de 1870 auraient été aussi faciles à tromper.

Les faits de maraudage, nous l'avons déjà dit, étaient relativement assez rares. En voici un pourtant qui obtint les honneurs de la caricature. Un malheureux charcutier, chez lequel des traînards faisaient rafle, était parvenu à leur soustraire un jambon, en se l'attachant à la ceinture avec une ficelle et recouvrant le tout de sa houppelande. Déjà les pillards battaient en retraite, ne voyant plus rien à prendre, quand l'un d'eux croit remarquer quelque chose de gêné dans l'allure du bonhomme. Il écarte les basques du vêtement et se saisit du jambon, en s'écriant : « *Bon ! pour moi !* » (Ces mots français sont la légende de la caricature.)

Les premières nouvelles de Pultusk, et plus tard celles d'Eylau mirent à l'épreuve la vigilance et la fermeté des Français à Berlin. On disait l'armée impériale détruite, Napoléon fugitif : des voyageurs prétendaient l'avoir vu passer en Saxe. L'agitation fut plus vive encore à l'époque où l'on apprit que le corps de Mortier venait de lever le blocus de Stralsund, qu'il se retirait devant des forces supérieures. On colportait mystérieusement un bulletin emphatique du général russe Essen, qui, pour avoir fait replier quelques avant-postes, s'imaginait avoir lavé les affronts d'Austerlitz et d'Iéna. Déjà les gens à imagination prétendaient entendre la fusillade du côté d'Oranienburg. Plusieurs eurent la simplicité d'aller au-devant des Russes et des Suédois, qui arrivaient, disait-on, bien à propos pour dispenser Berlin de payer son troisième quart de contribution de guerre. Ces illusions furent bientôt dissipées par la nouvelle authentique du désastre d'Essen à Posewalk.

Nous venons de nommer encore le brave et honnête Mortier. Aucun général français n'a laissé un nom plus honoré en Prusse. Il ne se contentait pas de faire régner parmi ses soldats la plus exacte discipline ; on le vit plus d'une fois indemniser de sa poche les victimes de la guerre. Dumay, son intendant militaire, faisait souvent de même : c'est là un beau trait, et des moins communs, dans les fastes des intendances.

Pendant les derniers mois de la guerre, un supplément de contribution d'un million de thalers raviva beaucoup le patriotisme berlinois. Il y avait surtout dans l'arrêté de l'administrateur général Estève un certain article 8 qui donna de cruelles insomnies aux contribuables. Ce supplément était exigible du 30 avril au 31 mai. Ce délai expiré, les retardataires étaient passibles d'une amende de deux thalers pour chacun des premiers jours de retard, de quatre pour le troisième, huit pour le quatrième, et ainsi de suite. Cette clause pénale aurait réduit la moitié des habitants à la mendicité. Mais c'était une mesure purement comminatoire; elle ne fut jamais appliquée.

Au printemps de 1807, six forteresses résistaient encore : Glatz, Neiss, Cosel, Dantzig, Graudenz, Colberg ; ces deux dernières tinrent seules jusqu'au bout. La défense de Cosel fit honneur au vieux major Neumann. Sa réponse à la sommation du brave et respectable général Deroi, commandant des troupes bavaroises, est un modèle de convenance et de fermeté. En voici les traits les plus remarquables : « Malgré toute ma considération personnelle pour Votre Excellence, je ne puis déférer à son désir. Sa Majesté le Roi de Prusse, que je respecte et que j'aime comme il le mérite, m'a ordonné de me défendre jusqu'à la dernière extrémité. Si je lui désobéissais, je serais indigne de l'estime d'un militaire aussi distingué que l'est Votre Excellence, estime à laquelle j'attache le plus grand prix. Le sort de cette place dépend des éventualités de la guerre ; mais si elle doit succomber, ce ne sera qu'avec honneur.... J'ose me flatter que Votre Excellence, si bon juge en pareille matière, ne pourra qu'approuver cette réponse, et j'en serai fort heureux. Le sentiment du devoir accompli est la meilleure récompense et la vie même du soldat. » Le chagrin d'être forcé de se rendre fut épargné à cet honorable vieillard. Il mourut pendant le siége, après avoir soutenu pendant quinze jours un bombardement qui détruisit une grande partie de la ville. Depuis le mois de mars, le siége était converti en blocus. Putkammer, successeur de Neumann, fut contraint de souscrire le 18 juin une capitulation conditionnelle ; mais la paix, conclue dans l'intervalle, le dispensa d'ouvrir ses portes.

La défense de Courbière, gouverneur de Graudenz, ne fut pas moins honorable. Courbière appartenait, comme l'indique son nom, à l'une de ces familles protestantes expatriées au dix-septième siècle, dont les descendants s'efforcent aujourd'hui de faire oublier leur origine en se montrant plus gallophobes que les gens de pure race germanique (1). Au dernier parlementaire qui lui fut envoyé après Friedland, Courbière répondit : « Vous dites qu'il n'y a plus de roi de Prusse. Eh bien ! je suis roi de

1. Nous en avons vu de fréquents exemples dans la dernière guerre.

Graudenz, et je ne cède pas mon royaume. »

Et pourtant cela était vrai, ou bien près de l'être : Frédéric-Guillaume III n'était plus que le roi de Memel ! Sur le quai étroit et mal pavé de cette malpropre petite ville, on le voyait tous les jours se promener avec sa femme, vieillie de dix ans en quelques semaines, portant déjà l'empreinte de la maladie cruelle qui devait l'enlever quelques années plus tard, en pleine infortune, sous le coup de cette fatalité mysté- rieuse qui semble acharnée de tout temps après les reines trop belles. Perdue et comme abîmée dans sa douleur, Louise marchait ou plutôt se traînait, suivie de ses enfants, objets comme elle d'une pitié profonde ; enfants dont le dernier est aujourd'hui empereur d'Allemagne !!

Les patriotes prussiens fondaient de grandes espérances sur Dantzig. Ils comptaient qu'une armée anglo-russe pourrait débarquer et prendre Napoléon à revers. Aussi quand le journaliste Julius Lange annonça le premier la reddition de Dantzig dans son *Télégraphe*, on commença par crier au mensonge.

Ce journaliste était alors l'objet d'une réproba- tion générale. A l'époque de la rupture, c'était lui qui avait écrit contre la France les articles

les plus furibonds. Dans les premiers moments du désastre, on l'avait vu parcourir les groupes en gesticulant et s'essayant au rôle de Tyrtée. Il gourmandait les peureux, conseillait une levée en masse, s'offrait à marcher des premiers au besoin, à ramener sur sa poitrine, comme un autre Winkelried, un faisceau de baïonnettes ennemies.... Huit jours après, lors de l'entrée de Napoléon, on avait vu ce même Lange circuler encore dans les groupes, mais pour désigner le vainqueur et stimuler les applaudissements. Ce patriote faisait depuis longtemps de l'*observation* politique à notre profit.

Toutes les rancunes qui s'accumulaient depuis longtemps contre lui firent explosion à propos de Dantzig. On jetait de la boue et des pierres dans son bureau, situé place du Château ; on venait y demander « pour un groschen de blagues » (c'était le prix du numéro); un ouvrier y lança une corde en criant : *Télégraphe, pends-toi !* L'intervention de la police fut plus d'une fois nécessaire pour le garantir de voies de fait, mais elle ne suffisait pas pour dissiper les rassemblements qui se reformaient sans cesse devant sa maison et sur son passage. On fit aussi sur lui des caricatures : l'une d'elles était un portrait de Lange fort ressemblant portant cette simple épigraphe : *Lange ?* ; comme pour demander si l'on aurait encore longtemps (*lange*) à supporter sa présence. Une autre représentait le diable pêchant à la ligne un Lange grotesque, mais bien reconnaissable, et s'écriant : « Pouah ! celui-là va m'empester mon enfer ! » Cette charge eut un tel succès, que l'auteur fut mandé chez le commandant militaire ; mais il en fut quitte pour une réprimande assez douce. On protége toujours mal ceux qu'on ne peut estimer.

Dans la même occasion, Hullin se montra plus sévère pour un officier prisonnier sur parole nommé Kanacker, qui depuis longtemps affichait d'une façon par trop bruyante ses sentiments patriotiques. Il avait parié publiquement que les nouvelles de Dantzig étaient fausses. Hullin l'avait déjà engagé, dans plusieurs circonstances, à montrer plus de modération. Cette fois il lui dit : « Vous avez parfaitement le droit d'avoir votre opinion sur l'affaire de Dantzig, mais non de la manifester de manière à troubler le repos public. » Kanacker fut donc transporté en France, d'où il revint après la conclusion de la paix. Cet acte de rigueur est cité dans les écrits du temps comme exceptionnel : les Prussiens ont été moins tolérants en 1870.

Quand il ne fut plus permis de douter de cette reddition, le désappointement fut profond, et la vieille réputation de Kalkreuth ne le préserva pas des soupçons les plus odieux, malgré sa longue et belle résistance. On sait aujourd'hui que cette capitulation fut la suite d'une négligence coupable du prédécesseur de Kalkreuth, négligence que celui-ci n'eut pas le temps de réparer. Ce fut l'épuisement des munitions qui l'obligea impérieusement à se rendre.

N'oublions pas, à cette occasion, un petit incident qui fit honneur au jugement du nouveau gouverneur français de Dantzig, Rapp, le même qui sut si bien défendre cette place à son tour en 1813. Un capitaine français, logé chez un négociant anglais, avait eu avec son hôte une grave altercation, dans laquelle tous les torts étaient du côté de l'insulaire, qui avait cru soutenir l'honneur de son pavillon en montrant la plus grande insolence. Rapp envoya immédiatement vingt-cinq soldats loger chez lui, et le condamna à une amende de quatre cents thalers au profit des pauvres de la ville. Cette sentence fut généralement approuvée. Ceux-là mêmes que le succès de nos armes contristait le plus en voulaient alors aux Anglais de leurs prétentions obstinées à l'omnipotence maritime, et du peu d'assistance qu'ils prêtaient à leurs alliés du continent.

Au mois de juin 1807, les armées se replaçaient presque sur le même terrain d'opérations que pendant l'hiver ; aussi elles trouvèrent tous les villages abandonnés. Les habitants de ces localités trop historiques avaient emmené dans les bois tout ce qu'ils avaient pu sauver de bestiaux à l'époque d'Eylau. Plusieurs de ces campements furent surpris et pillés par les éclaireurs des deux partis.

Les premières nouvelles d'Heilsberg, de Friedland, trouvèrent à Berlin beaucoup d'incrédules. L'annonce de la suspension d'armes ne suffisait pas encore pour les convaincre ; ils se retranchaient à prétendre que cette trève avait été sollicitée par Napoléon vaincu. Bientôt pourtant la vérité se fit jour, et alors il n'y eut pas assez d'imprécations contre Benningsen. On l'accusa de trahison, d'incapacité, d'inertie. On raconta qu'il avait passé tranquillement toute la journée hors de portée du canon ; que des officiers russes d'état-major, logés à Friedland, avaient annoncé d'avance à leurs hôtes la défaite comme inévitable, grâce aux mauvaises dispositions du général en chef.

Il y avait du vrai et du faux dans ces reproches. De l'examen approfondi de cette bataille mémorable, il ressort que la résolution prise par Benningsen de déboucher en masse sur l'autre rive de l'Alle dans la nuit du 13 au 14 était relativement bonne : que l'affaire aurait pu tourner mal pour nous, s'il n'avait ensuite commis la faute considérable de se laisser contenir jusqu'à midi, par des forces inférieures de près des deux tiers à celles dont il disposait. Il est vrai que les vingt et quelques mille Français qui soutinrent cette lutte contre soixante-quinze mille Russes étaient des soldats d'élite commandés par Lannes, et que celui-ci avait pour auxiliaires Oudinot et Grouchy, qui accomplirent de vrais prodiges dans ces heures décisives. Leur résistance habile autant qu'héroïque fit illusion à l'adversaire, et laissa à Napoléon le temps d'arriver. Mais il était temps ! et s'il n'avait pas eu de pareils lieutenants pour faire face au « péril qui grandissait dans la plaine de Friedland », il serait arrivé trop tard. Napoléon ne croyait pas même d'abord à un pareil coup de boutoir du Russe, à cause des consé quences que cet élan téméraire ne pouvait manquer d'avoir, du moment où l'armée française serait concentrée. Il ne pouvait admettre d'abord que son ennemi lui fît si beau jeu. Les premiers messages d'Oudinot avaient été accueillis avec un peu d'incrédulité. Il en envoya six coup sur coup. « *Dites à l'Empereur que mes petits yeux y voient bien ; que c'est toute l'armée russe...* En ce moment les masses russes, arrivant en colonnes, semblaient une forêt mouvante à l'horizon (1). » Cette incrédulité, qui retardait la concentration, était encore une chance pour le général russe. Combien de grands capitaines ont perdu des batailles, pour avoir hésité quelques instants à admettre la réalité d'un mouvement par trop téméraire !

En abordant Oudinot, l'Empereur lui dit : « Je vous amène l'armée ; elle me suit. » Puis,

1. Derode, *Nouvelle relation de la bataille de Friedland*, p. 36. L'auteur de cet excellent travail, publié en 1839, s'est aidé des souvenirs de plusieurs des acteurs principaux de ce grand drame militaire encore vivants à cette époque, et reproduit souvent leurs expressions. M. Thiers ne s'est pas contenté de faire à cet important opuscule de larges emprunts ; il le cite nominativement avec éloge. On sait qu'il fait rarement cet honneur aux écrivains français.

parcourant des yeux la plaine noire de combattants, il cherchait la rivière cachée par les mouvements du terrain. — Où est donc l'Alle ? demanda-t-il. — Là, dit Oudinot en étendant le bras, derrière l'ennemi. Je lui mettrais le c... à l'eau, si j'avais du monde, mais j'ai usé mes grenadiers. » Dans ce moment il n'avait plus d'autre réserve qu'un bataillon de garde près des munitions. Le reste, étendu en mince rideau devant l'ennemi, eût été percé *comme une toile d'araignée*, suivant l'expression d'Oudinot lui-même, si l'ennemi avait attaqué à fond..... En le quittant, Napoléon lui dit une de ces paroles qui récompensaient alors au centuple de toutes les fatigues, de tous les périls : « Je savais que partout où vous étiez, je n'avais à craindre que pour vous. »

La concentration était faite ; toutes les chances nous revenaient ; l'ennemi allait payer chèrement tant de circonspection après tant d'audace. On sait que sa défaite fut surtout rendue désastreuse par la prise de Friedland. Là, ce fut Ney et Dupont qui se couvrirent de gloire ; ce dernier surtout. C'est là qu'il aurait dû mourir !

Une cérémonie imposante eut lieu, à l'occasion de l'armistice, dans l'église catholique de

Berlin. Les autorités prussiennes et françaises en grande tenue assistèrent à l'exécution du *Te Deum* de Graun, dirigée par le maître de chapelle Righini. L'émotion était profonde, chez les vainqueurs comme chez les vaincus. Plusieurs de ceux-ci, accablés, fascinés par cette nouvelle manifestation du génie militaire de l'Empereur, disaient tout haut qu'un tel homme serait nécessairement généreux : qu'il comprendrait que la modération, la clémence étaient le seul couronnement digne de sa gloire. Quelques obstinés soutenaient encore que cette demande d'armistice n'était qu'une ruse de guerre d'Alexandre. Mais les faits les réduisirent bientôt au silence. L'opinion fut alors un moment moins défavorable aux Français qu'aux Russes et aux Anglais. Toutes les classes de la population entrevoyaient avec joie la fin d'une guerre constamment malheureuse.

Le 19 juillet, il y eut à Berlin un nouveau *Te Deum*, spectacle gratis et illuminations, le tout par ordre supérieur, pour la conclusion de la paix. Il était défendu de crier : *Vive Frédéric-Guillaume !* ce qui parut de mauvaise augure aux hommes clairvoyants pour les conditions du traité. Le palais du Roi, désert et sombre, contrastait péniblement avec les pyramides de lampions qui décoraient d'autres édifices.

Dès le lendemain, on sut à peu près à quoi s'en tenir sur les conditions. La superficie du royaume, que l'annexion éphémère du Hanovre avait portée un moment à 6047 lieues carrées, retombait à 2668 ! Plus d'un habitant regretta d'avoir trop brillamment illuminé la veille. C'eût été le cas, disait-on, d'imiter ce cordonnier de Stockholm, également forcé de prendre part à un simulacre de réjouissance à propos d'une paix honteuse. Il avait installé sur sa fenêtre un méchant lumignon enveloppé d'un papier huilé afin d'amortir autant que possible la lumière, et portant cette épigraphe : « telle paix, telle illumination. »

La ville de Kœnigsberg, occupée par le maréchal Soult après la bataille de Friedland, subit pendant un laps de temps assez court les charges de l'invasion, mais elle ne perdit rien pour avoir attendu ! Tandis que le peuple s'amusait des petits jardins que les soldats campés dans les faubourgs arrangeaient autour de leurs baraques, les bourgeois n'avaient nul sujet de rire. La ville avait été frappée d'une contribution militaire de vingt millions, réduite à huit par suprême faveur. Cette exigence donna lieu, du 16 juin au commencement d'août, à une série de *publicanda*, placards des plus désagréables, émanant de l'autorité municipale. Ces magistrats avaient absolument perdu la tête. Ils accumulèrent les tentatives les plus malencontreuses: taxes extraordinaires sur les mobiliers, les loyers, sur les revenus évalués approximativement, menaces d'exécution militaire, et ne purent réaliser néanmoins qu'une faible partie de la somme. L'intendant général (Daru), probe mais inexorable, répétait que le corps d'occupation ne se retirerait qu'après parfait paiement de la contribution, ou du moins quand ce paiement serait suffisamment garanti. Les principaux négociants finirent par donner caution ; mais, dans cet intervalle, les dépenses faites par la ville pour l'entretien de Soult et de ses soldats s'élevèrent à des sommes fabuleuses.

Dans ces jours de consternation et de deuil universels, les ministres de l'Évangile étaient souvent entraînés à faire dans leurs sermons des allusions fréquentes aux malheurs publics, ou même les prenaient pour texte principal d'allocutions pieusement consolatrices. L'une des pièces les plus remarquables de ce genre a pour auteur le révérend Sack, prédicateur de la cour. Il fit imprimer à Berlin, dès le mois d'août 1807, cette allocution que l'état de sa santé, disait-il, l'avait empêché de prononcer. On y trouve des passages éloquents, et plus d'une considération aussi bien applicable à la France d'aujourd'hui qu'à la Prusse de ce temps-là. « En thèse générale, dit-il, nous devons, sans doute nous abstenir de mêler la politique à la prédication, mais aujourd'hui c'est notre droit et aussi notre devoir d'aborder le douloureux sujet qui absorbe toutes les pensées... Pendant ces terribles jours, autour de nous aussi bien qu'au dedans, tout a été bouleversé. Les événements ont confondu toutes les prévisions de la sagesse humaine, de l'égoïsme humain : les gens les plus calmes, les plus froids, ont ressenti une véritable commotion électrique, quand s'est effondré si subitement le majestueux édifice qui nous abritait tous... Il est pourtant des hommes, heureusement en petit nombre, des gens égoïstes ou idiots, qu'on a vus demeurer impassibles au milieu du commun désastre, comme s'il s'était agi d'histoires du temps passé, ou d'événements accomplis dans des régions lointaines. On en cite même qui auraient ressenti une joie impie de malheurs qu'ils exploitaient ! Ces hommes-là, je les évite, et j'évite aussi d'en parler... Pendant plusieurs mois, nous avions tous la fièvre et ne vivions que par la fièvre. Cet état de surexcitation ne saurait finir du jour au lendemain, ainsi qu'il a commencé. Il en est de nos âmes, profondément troublées, comme des flots qui longtemps encore s'agitent après que la tempête a cessé...; comme d'un convalescent dont l'organisme demeure longtemps débile, le système nerveux singulièrement irritable, bien que la maladie ait disparu... Au sortir de pareilles crises, un régime est aussi nécessaire aux âmes... »

Le révérend rappelle que ces catastrophes ont donné lieu à un débordement effroyable de jugements téméraires. « On se croyait permis de tout dire, de tout écrire. Les personnes les plus éloignées des événements, les moins renseignées, les moins capables d'en juger étaient précisément celles qui raisonnaient de la façon la plus tranchante sur ce qu'on avait fait et ce qu'on aurait dû faire. On ne voulait voir partout que trahison, lâcheté; on enveloppait dans une réprobation commune les innocents et les coupables. Il semblait que notre légitime douleur trouvât quelque soulagement dans ces explosions d'aveugles colères... Mais ces premiers emportements sont passés ; la lumière commence à se faire, et déjà bien des événements nous apparaissent sous un jour tout nouveau... Soyons donc plus circonspects dans nos jugements sur les hommes qui ont figuré dans cette malheureuse guerre ; soyons-le pareillement dans nos appréciations sur l'état de choses actuel. Tel qui disait naguère : il est impossible que nous succombions jamais, dit aujourd'hui qu'il est impossible que nous nous relevions, que pour jamais c'en est fait de notre bien-être comme de notre honneur. Ainsi naissent fatalement, de la prospérité la présomption aveugle, de l'adversité l'aveugle désespoir ! »

Le prédicateur donne en passant une atteinte aux libres penseurs de son temps. « Parmi les hommes dont ces calamités récentes ont égaré le jugement, il n'en est pas de plus insensés, de plus coupables, que ces sceptiques obstinés, qui persistent à ne voir dans de tels événements que l'effet du hasard, de la force brutale ou de combinaisons purement humaines. Laissons-les se consoler, s'ils le peuvent, avec leur prétendue philosophie. » Pour lui, il voit dans ces

grandes douleurs publiques et privées le châtiment mérité de l'affaiblissement des croyances
religieuses, du relâchement général des mœurs.
« Une nation, dit-il, peut à la fois se civiliser et
se corrompre ; *nous en sommes bien la preuve !..*
Il y a encore parmi nous, sans doute, des familles pieuses, honnêtes, patriarcales : il en est
dans les provinces et jusque dans la capitale,
mais en vérité, *ce n'est plus l'esprit du temps !*
L'esprit du temps, c'est l'abjuration effrontée de
tous les devoirs de l'homme envers ses semblables, aussi bien qu'envers Dieu : c'est l'é-
goïsme qui étouffe tout sentiment patriotique ;
c'est l'indifférence pour le vice et la vertu, c'est
une ardeur effrénée, bestiale pour les jouissances
sensuelles.... Peut-être ne verrez-vous dans
cette appréciation que la plainte d'un vieillard
morose : peut-être m'accuserez-vous de ne pas
rendre assez de justice aux bons sentiments qui
persistent encore parmi plusieurs d'entre nous.
Qu'importe ? je crois remplir un devoir en disant, sans ménagement aucun, ce qui dans l'ensemble me paraît être la vérité. Je m'en rapporte à tous ceux qui voudront étudier sans
parti pris les tendances de la génération présente. Ils diront sûrement avec moi que, sans

une réforme morale complète, *rien ne pourra être sauvé de ce qui peut l'être encore* (1) ! »

Il finit en exprimant l'espoir que, malgré tout, la Prusse pourra bien redevenir ce qu'elle a été; prédiction vérifiée et dépassée, hélas! par l'événement. Mais ce revirement prodigieux de fortune est-il en effet la suite et la récompense d'une véritable régénération? Ne s'agit-il pas ici, au contraire, d'un de ces triomphes iniques, permis pour aboutir bientôt à quelqu'une de ces chutes d'autant plus profondes et bruyantes, par lesquelles Dieu se justifie? C'est ce que nous dira l'avenir (2).

La paix de Tilsitt, glorieuse en apparence, contenait des germes de destruction qui devaient fatalement se développer plus tard. Le système de guerre à outrance, qui récemment nous a été si funeste, l'avait été bien davantage à la Prusse. On pouvait essayer sur elle l'effet

1 Dr Sack, *Ein Wort der ermunterung*, etc. Berlin, 1807. M. Veuillot nous dit aujourd'hui précisément les mêmes choses, d'une façon plus acérée

Il y a aussi de fort beaux élans du même genre dans une pieuse allocution du Rév. Blühdorn, ministre à Magdeburg, imprimée en 1807 dans cette ville. Toutes ces brochures sont introuvables aujourd'hui.

2.   . . . . . tolluntur in altum,
   Et lapsu graviore ruant. . . .

de la clémence. On pouvait aussi la détruire, et l'événement a prouvé que c'eût été le meilleur parti. Napoléon préféra un moyen terme ; il ne lui laissa qu'une existence sans honneur, l'accabla de sacrifices d'argent et de territoire... Six ans plus tard, il devait chèrement expier cette faute politique, l'une des plus graves de son règne.

En résumé, l'étude de ces documents de source allemande prouve que l'occupation française de 1806, prise dans son ensemble, fut moins pénible, moins répugnante, que n'a été la récente occupation prussienne. On y remarque plus de spontanéité dans le bien comme dans le mal; plus de mouvements généreux. On y chercherait en vain la rapacité systématique, réfléchie, des envahisseurs de 1870. Tous aujourd'hui nous aspirons à la vengeance, « ce fruit amer et délicieux qui mûrit si tard ! » Cette vengeance, ils la redoutent, ils la prévoient ; leur attente ne sera pas trompée ! Mais nous avons beau nous promettre d'être impitoyables à l'heure de la revanche ; nous pourrons les vaincre encore, nous ne saurons jamais exploiter comme eux la victoire.

APPENDICE

———

Nous joignons ici quelques renseignements historiques et bibliographiques sur les principales publications contemporaines de l'occupation française, qui nous ont servi pour la rédaction du présent ouvrage.

I

Vertraute Briefe..... (Lettres confidentielles sur ce qui s'est passé à la Cour de Prusse depuis la mort de Frédéric II), 6 vol. in-12. Amsterdam et Cologne, Peter Hammer, 1807-8. (*Peter Hammer* est la traduction allemande du célèbre pseudonyme français *Pierre Marteau,* qui a servi de couverture à tant de publications clandestines dans le cours du dix-septième et du dix-huitième siècles.)

Cet ouvrage, attribué à un employé supérieur des finances prussiennes, nommé Colln, eut sans doute un grand succès à son apparition, car la plupart des autres écrits du temps y font des allusions fréquentes, tantôt louangeuses, tantôt critiques. Cette publication, toute de circonstance, contient beaucoup de choses qui ont dû en empêcher la réimpression après les événements de 1813. Aussi est-elle devenue d'une rareté insigne : notre Bibliothèque nationale elle-même n'en possède pas d'exemplaire, comme j'ai pu m'en convaincre, grâce aux investigations obligeantes et consciencieuses de MM. Depping et Rathery.

L'auteur parle sans ménagement des fautes politiques et militaires qui ont contribué aux désastres de la monarchie. Suivant lui, le relâchement des mœurs avait eu aussi grande part aux défaillances honteuses de 1806. Il s'étend complaisamment sur ce sujet, et cite des aventures scandaleuses, dont les héros et héroïnes, appartenant à la haute société de Berlin et d'autres grandes villes, ne sont désignés que par des lettres initiales, ce qui n'empêchait pas sans doute de les reconnaître alors. Ainsi qu'on a pu en juger, ce livre contient une foule d'anecdotes curieuses et peu connues sur l'occupation. Tout en n'aimant guère les Français, l'auteur se montre généralement assez juste à leur égard. Les chapitres consacrés à l'ancienne organisation financière de la Prusse sont des plus remarquables.

II

Neue Feuerbrande... (*Nouveaux Tisons*) ; recueil paraissant irrégulièrement, par livraisons de 150 à 200 pages ; avec figures, cartes et plans.

Ce recueil, complément des *Vertraute Briefe*, commença à paraître aussitôt après la conclusion de la paix. On y accueillait toutes les communications relatives aux faits de guerre et d'occupation. Nous avons fait de nombreux emprunts à cette publication, qui contient bien des documents qu'il serait impossible de trouver ailleurs. On pourrait facilement y trouver de quoi faire un second volume. Nous avons laissé de côté, comme trop en dehors de notre sujet, des articles d'ailleurs intéressants sur les vices de l'ancienne organisation de la Prusse ; des discussions instructives, mais purement militaires, etc. Nous n'avons pas cité non plus le journal d'un fonctionnaire civil de Posen, qui avait perdu son emploi, par suite de l'arrivée des Français et de l'insurrection polonaise. On comprend que cet homme juge d'une façon assez sévère des événements qui l'avaient à peu près réduit à mourir de faim. Mais son journal contient des renseignements particuliers et véritablement curieux sur l'accueil enthousiaste fait à nos troupes par les populations polonaises, et notamment par les habitants de Posen et de Varsovie.

Les figures qui accompagnent ce recueil, bien que médiocrement exécutées, ont aussi leur intérêt. Dessinées pour la plupart d'après nature, elles sont remarquables par l'exactitude des costumes et des types. Nous en avons décrit plusieurs dans ce volume.

Le succès des *Neue Feuerbrande* avait encouragé la publication de deux recueils du même genre, les *Allumettes (Feuerschirme)*, et les *Rayons de lumière (Lichtstrahlen)*, qui n'eurent qu'un petit nombre de livraisons. L'autorité française, alors toute puissante dans ce qui subsistait encore de la Prusse, se hâta de mettre l'éteignoir sur ces lumières suspectes.

III

Matériaux pour servir à l'histoire des années 1805, 6 et 7. Ouvrage dédié aux Prussiens par un ancien compatriote. Francfort et Leipzig, 1808 (en français).

L'auteur de cet important ouvrage est le fameux Lombard, secrétaire de Frédéric le Grand, *demi-favori* sous son successeur, puis conseiller privé sous Frédéric-Guillaume III. Partisan convaincu de l'alliance française, Lombard avait combattu de tout son pouvoir une rupture dont il prévoyait les suites désastreuses pour son pays. Après la catastrophe, il fut accusé d'avoir *vendu* la Prusse aux Français, insulté publiquement et forcé de se cacher. Les passions, les préjugés, se suivent et se ressemblent chez tous les peuples dans les guerres malheureuses.

Ce livre est un résumé impartial et complet des négociations et des péripéties politiques qui avaient précédé la guerre de 1806, et que Lombard avait pu connaître mieux que personne. Il indique plusieurs faits importants qui avaient échappé aux meilleurs historiens français, comme par exemple la démarche pacifique tentée par Napoléon auprès du roi de Prusse après la bataille d'Eylau, démarche dont l'authenticité, longtemps révoquée en doute, est aujourd'hui pleinement établie par la *Correspondance.*

IV

Anecdotes et traits caractéristiques de la vie du prince Louis-Ferdinand (par Archenholz). Berlin, 1807 *(en allemand).*

Cet opuscule élogieux avait été publié sans nom d'auteur, mais il fut généralement attribué à Archenholz, historien et journaliste célèbre alors en Allemagne, bien que fort oublié aujourd'hui. Le portrait de Louis-Ferdinand, placé en tête de l'ouvrage, est d'une finesse d'exécution remarquable, et passe pour très-ressemblant.

V

Comment Berlin n'a pas été défendu. — Mémoires d'un officier prussien prisonnier, par J. de Voss *(en allemand).*

Nous ne répéterons pas ce que nous avons dit précédemment sur cet écrivain et sur le premier de ces deux ouvrages. L'autre, dont nous ne possédons que la moitié, est un roman historique assez curieux. L'auteur y raconte sous un nom supposé des aventures personnelles en grande partie. Il s'agit en effet d'un jeune lieutenant qui, effrayé des vices du système militaire de la Prusse, élabore des projets de réforme qu'il soumet à ses supérieurs, et qui n'aboutissent qu'à le faire éconduire plus ou moins poliment, et tomber enfin en complète disgrâce. Le tout est couronné par un dénouement à la Werther ; blessé grièvement et fait prisonnier à Iéna, le héros résiste aux instances d'une femme aimée, et se brûle la cervelle pour ne pas survivre à la honte et au malheur de son pays. Il paraît que le volume qui nous manque contient un tableau détaillé, fait d'après nature, de la société berlinoise pendant l'hiver de 1807.

VI

Galerie preussischer Charaktere (Galerie prussienne), in-8. *Germanien*, 1808.

Cet ouvrage, sans nom d'auteur ni d'imprimeur, est donné comme traduit du français ; mais c'est un artifice qui n'a dû tromper personne. L'auteur était évidemment un Prussien, et très-bien renseigné sur la chronique scandaleuse de son pays. On a prétendu, mais sans preuves, que ce livre avait été payé par la police française. Les plus hauts personnages prussiens du temps y sont rudement flagellés, notamment Schulenburg, Hohenlohe, Hardenberg, Blücher auquel on reproche sa passion effrénée pour le *pharaon*, etc. Comme nous l'avons dit, un seul de ces personnages y est porté aux nues, et c'est précisément Massenbach, le signataire de la capitulation de Prenzlau ! C'est ce qui nous a fait penser que l'ouvrage pouvait bien être de lui.

Massenbach est auteur de beaucoup d'autres livres, notamment du « Rapport d'un témoin oculaire sur la campagne de 1806 » (*Bericht eines Augenzeugen*), que les écrivains ultérieurs ont mis largement à contribution.

On trouvera dans la biographie Michaud (art. *Massenbach*), des détails curieux sur la persécution mystérieuse à laquelle cet homme fut en butte dans les dernières années de sa vie, de la

part de l'autorité prussienne. Il possédait, dit-
on, sur de grands personnages, des documents
secrets qu'on voulait l'empêcher de détruire ou
de publier.

VII

Lettre d'un étudiant allemand à madame
Beauharnois (sic) sur Lubeck, par Villers (pseudonyme). 1808 (*en français et en allemand*).

Cet opuscule, imprimé clandestinement sous
la fausse rubrique d'Amsterdam, est un pamphlet violent contre les vainqueurs, et pourrait
bien être l'œuvre de quelque émigré français.

VIII

Sammlung von Anekdoten. (Recueil d'anecdotes caractéristiques sur les guerres de 1805
et 1806 dans l'Allemagne du Nord et du Sud.)
Leipzig.

C'est à ce recueil que nous avons emprunté,
entre autres, l'histoire tragi-comique du pasteur d'Eisenach

IX

Wien und Berlin ; 1808. S. L.

Diatribe virulente contre l'auteur des *Vertraute Briefe.* On y trouve aussi plusieurs anecdotes scandaleuses du temps. Ce qu'il y a de
plus curieux dans ce livre, aujourd'hui introu-
vable, c'est la caricature qui sert de frontispice.
Elle représente Napoléon, placé dans une attitude des moins réservées entre deux donzelles,
qui personnifient les capitales de l'Autriche et
de la Prusse.

X

Sibyllinische Blœtter (Feuilles sibyllines',
1807.

Opuscule de source française, bien que rédigé en allemand. L'auteur anonyme soutient,
non sans raison, que l'occupation française va
porter en Allemagne un coup mortel à l'ancien
régime. Il en conclut que Napoléon est, à tout
prendre, « le plus grand bienfaiteur des Allemands ».

XI

Nous avons dit qu'à cette époque les ministres du culte prenaient souvent pour sujet principal de leurs publications les malheurs du temps. Nous possédons cinq de ces sermons de circonstance, dont quatre imprimés à Berlin et un à Magdebourg.

Nous avons cité plusieurs passages de celui de Sack, prédicateur du roi de Prusse, qui pourrait être débité aujourd'hui d'un bout à l'autre, avec un à-propos singulier, dans une église française. Celui du ministre Blühdorn de Magdebourg : *die erste stimme des Vaterlands* (premiers accents de la patrie), a cela de particulier, qu'il fut prononcé pendant le carême de l'année 1807, à une époque où cette ville, récemment prise, était pleine de troupes françaises, et où Napoléon songeait déjà sans doute à la distraire de la Prusse. Néanmoins, le prédicateur en question put donner libre carrière à ses sentiments patriotiques, et même faire imprimer ouvertement son sermon, sans être le moins du monde inquiété. L'autorité française

se montra alors plus tolérante que ne l'est de
nos jours l'autorité prussienne, qui, tout récemment encore, expulsait de Strasbourg un ecclé-
siastique, coupable d'avoir parlé dans un sermon
de l'*Alsace en deuil* (janvier 1872).

FIN

TABLE DES MATIÈRES.

FIN DE LA TABLE.

1296. — Abbeville, imp. Briez, C. Paillart et Retaux.

www.ingramcontent.com/pod-product-compliance
Lightning Source LLC
LaVergne TN
LVHW051055060726
842525LV00003B/663